I0088732

G

©C.

19707

BIBLIOTHÈQUE

PORTATIVE

DES VOYAGES.

TOME XXII.

CONDITIONS DE LA SOUSCRIPTION.

L'ouvrage sera publié en 12 *livraisons*, qui seront mises en vente de mois en mois, à dater du 15 *Mai* ; chaque livraison sera composée de 4 volumes ; la dernière seule en aura 5, et sera néanmoins du même prix que les précédentes.

Le prix de chaque livraison, pour les personnes qui souscriront avant le 1er *Juillet prochain*, est fixé, sur papier fin, à. . 5 fr.

Papier d'Angoulême, Nom-de-Jésus. 8

Papier vélin satiné, fig. avant la lettre. 10

Papier vélin satiné, Nom-de-Jésus, figures avant la lettre 15

Passé le 1er Juillet, le prix pour les non-souscripteurs, sera, en papier fin. . 6

Papier d'Angoulême, Nom-de-Jésus. 10

Papier vélin satiné 12

Papier vélin satiné, Nom-de-Jésus. . 20

Il faut ajouter 1 fr. 50 c. au prix de chaque livraison pour recevoir l'ouvrage franc de port par la poste.

ON NE PAYE RIEN D'AVANCE.

DE L'IMPRIMERIE DE G. MUNIER.—AN VII.

BIBLIOTHÈQUE

PORTATIVE

DES VOYAGES,

TRADUITE DE L'ANGLAIS

Par MM. HENRY *et* BRETON.

TOME XXII.

~~~~~~~~~

SECOND VOYAGE DE COOK.

TOME IV.

PARIS,

Chez Mme Vve LEPETIT, libraire, rue
Pavée-Saint-André-des-Arcs, n.º 2.

1817.

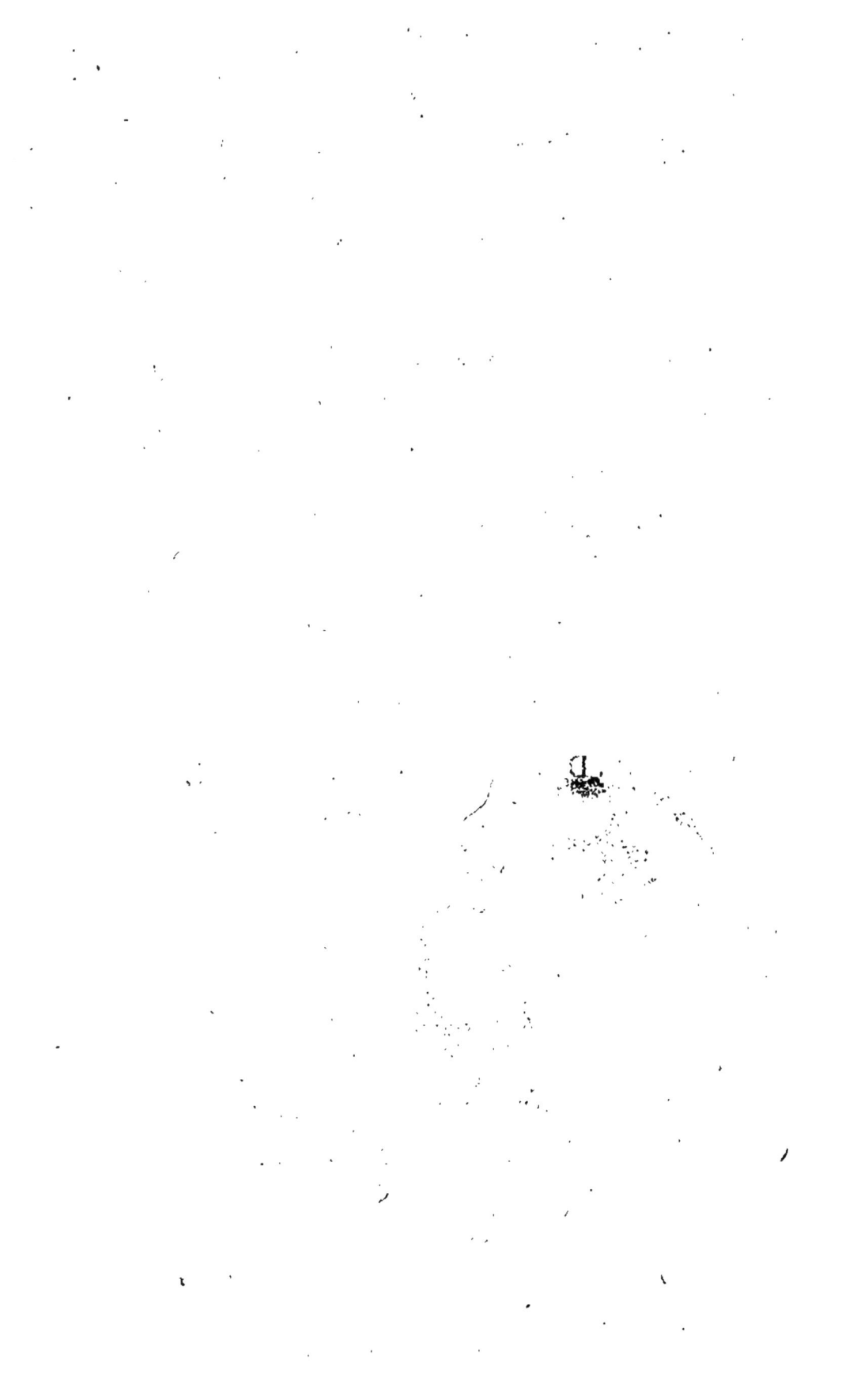

VOYAGES
DE COOK.

NAVIGATION

Au pole austral et autour du monde, sur les vaisseaux l'*Aventure* et *la Résolution.*

CHAPITRE XXII.

Relèvement de la côte orientale de la nouvelle Calédonie. — Découverte de plusieurs îles voisines de cette terre. — Ile des Pins.

J<small>E</small> dois terminer le récit des observations que nous avons eu occasion de faire sur cette côte, par quelques

détails sur la nouvelle Calédonie
et ses habitans. Les indigènes sont
musculeux, robustes, actifs, d'une
taille bien prise, paisibles et civils.
Ils se distinguent des autres insulaires de cette mer, en ce qu'ils n'ont
pas le moindre penchant au vol.
Leur couleur est, à peu de chose près,
la même que celle des naturels de
Tanna ; mais ils ont des traits plus
réguliers et d'un ensemble plus
agréable ; leur stature est également
plus haute, et annonce plus de
force. Il n'est pas rare d'en voir qui
aient près de six pieds. Il s'en trouve
parmi eux dont les grosses lèvres, le
nez aplati et le visage en général
ressemblent à la physionomie des
nègres. Comme eux ils ont la che—
velure crépue, et sont dans l'usage

de s'oindre la figure avec une substance d'un noir luisant. Leurs cheveux et leur barbe sont également
noirs. Pour les arranger, ils ont une
sorte de peigne ; les dents consis-
tent en petits bâtons d'un bois dur,
de la grosseur d'une aiguille à triço-
ter, et de la longueur de sept ou
huit pouces. Ces dents, qui se trouvent quelquefois au nombre de vingt,
sont réunies par une extrémité, et
parallèlement à une distance d'une
ligne. Les autres extrémités, qui sont
assez pointues, s'écartent comme les
branches d'un éventail. Ils se servent
de ce peigne pour se gratter, et faire
tomber les poux de leur tête : ils le
portent toujours à leurs cheveux,
sur un côté de la tête.

Les naturels de Tanna ont bien

un instrument du même genre ; mais les dents en sont fourchues, au nombre de trois ou quatre tout au plus. Ce n'est même quelquefois qu'un petit bâton pointu. Les Calédoniens ont pour la plupart des ulcères aux pieds et aux jambes ; ils ont aussi le *scrotum* extrêmement enflé. Cette incommodité provient - elle d'un vice héréditaire, ou bien est-elle occasionnée par le *pagne* qu'ils portent à l'instar des habitans de Tanna ou de Mallicollo ? c'est ce que je n'ai pu décider.

Quelques - uns avoient sur la tête un grand bonnet noir cylindrique, différant peu des bonnets de feutre de nos hussards. Les chefs et les guerriers paroissoient avoir seuls le droit de porter un tel ornement.

(*Voyez la pl.* 20 *du second atlas.*)
Dans nos échanges, nous leur don-
nâmes des feuilles de gros papier ; ils
les employèrent sur-le-champ à se
façonner des bonnets semblables.

Les femmes ont pour tout vêtement une jupe courte, faite de
feuilles de bananiers, attachée à
un cordon qu'elles se passent autour
des reins. Les filamens extérieurs
sont noirs, et presque tous ornés de
nacre de perle sur le côté droit.
Elles ont les épaules, la gorge, et
tout le reste découvert jusqu'à la
ceinture. (*Voyez la pl.* 21 *du second*
atlas.)

Cette nation me semble tenir le
milieu, entre la race qui peuple
Tanna et celle qui peuple les îles
des Amis, ou bien entre les naturels

A 3

de Tanna et ceux de la nouvelle
Zélande. Il est même vrai de dire
qu'ils ont quelque chose des trois,
et semblent en être un mélange.

Le grand nombre d'armes offen‑
sives que nous avons vu parmi eux
donne tout lieu de croire que ces
hommes, d'ailleurs si doux, ne sont
point étrangers à l'art affreux de la
guerre. Ces armes sont des massues,
des lances, des javelots, et des fron‑
des. La *pl.* 22 *du second atlas* donne
une idée de ces instrumens. On y
voit leurs haches qui sont tout sim‑
plement un morceau de pierre dure,
incrusté dans un manche de bois;
les autres objets sont une pioche,
deux massues de différentes formes,
leur peigne, leur bonnet, et une

pièce de corde dont ils se servent pour jeter leurs lances.

Leurs habitations sont en général construites sur un plan circulaire, et ressemblent à des ruches d'abeilles. L'entrée est un grand trou quarré, où l'on ne peut passer que plié en deux. Du plancher à la naissance du toit, il n'y a pas plus de quatre pouces et demi ; mais le toit se termine en pointe au sommet, et est d'une grande élévation. Il y a dans ces cabanes des poteaux qui soutiennent des échafaudages de lattes, sur lesquels ils placent leurs provisions, ou d'autres objets. Les nattes qui recouvrent le plancher servent de siège pendant le jour, et de coucher pendant la nuit. On remarque dans la plupart deux foyers, dont

l'un est allumé ; et, comme la fumée
qui s'en exhale n'a pas d'autre issue
que la porte, toute la maison est si
chaude et si remplie de miasmes
épais, que, n'étant pas habitués à
un tel atmosphère, nous ne pouvions
pas nous y arrêter un moment.

Ce n'est pas, au reste, par le besoin
de se chauffer, que ces malheureux
entretiennent sans cesse du feu ; c'est
pour écarter les mousquites.

Les ustensiles de leur ménage sont
d'une extrême simplicité. Ils n'ont
guère autre chose qu'une ou plusieurs
jarres de terre pour cuire leurs alimens. La cuisine est en dehors, en
plein air. Il y a sur le foyer trois ou
cinq pierres pointues, qui soutiennent leurs jarres.

Ces naturels ne vivent que de ra-

ciues, de poissons, et de l'écorce
d'un arbre qu'on dit indigène dans
les Antilles. Ils font griller cette
écorce, et ne sont pas une minute
sans en mâcher quelques morceaux.
Le goût en est fade et insipide ;
mais quelques-uns de nos gens trou-
voient du plaisir à la mâcher. L'eau
est, selon toute apparence, leur
seule boisson.

A en juger par le nombre d'habitans, que nous voyions journelle-
ment, on pourroit croire la population de cette île considérable.
Mais il est probable que notre séjour attira sur le même point la majeure partie des insulaires. Le sol est
stérile, mais la mer est assez poisson-
neuse pour fournir à la subsistance
des habitans. Je ne saurois dire quel

nom les habitans donnent à l'île entière : ils la divisent en plusieurs districts, qui ont chacun leur dénomination particulière , et sont gouvernés
par un roi. Celui que nous visitâmes
s'appeloit Balade , et le roi se
nommoit Téa-Booma. Comme sa
résidence étoit de l'autre côté des
montagnes , nous eûmes fort peu
d'occasions de le voir. Le monosylla-
ble *téa* , qui précédoit le nom du
roi, sembloit annoncer son rang; on
m'appeloit, par cette raison , *Tea-
Cook*.

Ces peuples ont l'usage d'enterrer
leurs morts ; quelques-uns de nos
messieurs visitèrent le tombeau d'un
chef; il avoit la forme d'une grande
taupinière. Il étoit décoré tout autour de javelots , de lances; de pa-

gayes, et d'autres instrumens plantés
verticalement en terre.

Leurs pirogues ont quelque rapport pour la structure avec celles
des îles des Amis, mais elles sont
plus lourdes et plus grossières qu'aucune de celles que j'aie jamais vues.

Les femmes de cette contrée,
ainsi que celles de Tanna, sont, autant qu'il m'a été possible d'en juger,
plus chastes que celles des autres
îles situées dans les régions de l'est.
Il n'est pas venu à ma connoissance
qu'aucun de nos gens ait obtenu la
moindre faveur d'une seule d'entre
elles. Ces Indiennes prenoient, dit-
on, la liberté de s'amuser aux dé-
pens de leurs adorateurs, en se lais-
sant entraîner par eux dans quelques
bosquets, et en feignant de se ren-

dre à leurs sollicitations. A peine y
étoient-elles entrées, que nos gens
ébahis les voyoient prendre la fuite,
en jetant de grands éclats de rire.

Les habitans de la nouvelle Calédonie sont peut-être, graces à leurs
dispositions pacifiques, les seuls insulaires de ce vaste Océan, à qui
notre arrivée parmi eux n'ait pas
coûté des larmes et des regrets. Jamais ils ne nous mirent dans le cas
de repousser par la force une in-
juste aggression.

Nous n'avons absolument rien
remarqué parmi eux qui eût des rapports même éloignés avec la religion;
aucune cérémonie religieuse n'a
pu nous en donner l'idée. Probablement ils accompagnent de quelques cérémonies leurs derniers de-
voirs

voirs envers les morts, mais jamais nous n'avons pu en être témoins.

Nous mîmes à la voile le 14 septembre, et naviguâmes plusieurs jours avec précaution, à cause des récifs. Le 28, nous eûmes en vue l'île des Pins; il se trouvoit sur cette île des pins qui avoient 20 pouces de diamètre, et 60 à 70 pieds de haut. En cas de nécessité, on auroit pu aisément en faire un mât pour la Résolution. Jusqu'alors je ne connoissois, à l'exception de la nouvelle Zélande, aucune île de l'Océan pacifique, où il fût possible de se procurer du bois pour la mâture des vaisseaux. (*Voyez la planche 23 du second atlas.*)

Le 30 septembre, ayant remis à la voile, nous apperçûmes, à sept heures et demie, un globe de feu, qui, par le diamètre de son disque et par son éclat, ressembloit au soleil, bien qu'il fût un peu plus pâle. Bientôt il fit explosion, et laissa derrière lui des étincelles brillantes, dont la plus grande couroit avec rapidité, et laissoit dans l'air une traînée bleuâtre. A l'apparition de ce phénomène qui n'étoit pas inconnu à nos officiers, ils jugèrent que nous allions avoir un vent frais, et ne se trompèrent point (1).

(1) Ce phénomène a une analogie frappante avec les pierres atmosphériques, qui, depuis plusieurs mois, occupent beaucoup nos savans. Si ces pierres sont l'effet, comme tout porte à le croire, d'une sorte de *précipitation* de particules métalliques ou de toute autre espèce de

Nous n'avons suivi que la côte du nord de la nouvelle Calédonie, dont la population pourroit bien être de 20,000 ames : nous n'avons point reconnu le côté méridional, qui semble promettre une ample récolte aux travaux des botanistes.

minéraux, il doit nécessairement se former un vide; et ce vide doit déterminer un grand courant d'air. L'électricité semble d'ailleurs y jouer un grand rôle. (*Note du traducteur.*)

~~~~~~~~~~~~~~~~~~~~~~~~

CHAPITRE XXIII.

Découverte de l'île de Norfolk et sa description. — Indices du passage de l'Aventure sur la côte de la nouvelle Zélande.

LE 10, nous découvrîmes une nouvelle terre que j'appelai île de Norfolk, en l'honneur de la famille Howard. Elle gît par les 29° 2′ de latitude australe; et 163° 16′ de longitude orientale. Nous avons déterminé cette position, d'après les observations lunaires pour la longitude, et la hauteur du soleil pour la latitude. Elle étoit inhabi-

tée, et notre descente est vraisemblablement la première qu'on y ait
jamais faite. Il s'y trouve des sour-
ces d'eau douce, et des productions
végétales très-variées, dont la principale est une espèce de pin de
Prusse, qui y croît en abondance.
Ces arbres ont la plus belle tige qu'on
puisse s'imaginer ; il en est plusieurs
dont deux personnes peuvent à peine
suffire à embrasser le contour. On
y trouve des choux-palmites,
de l'oseille sauvage, du laiteron, et
du fenouil marin. Quand nous fûmes revenus à bord, MM. Forster
regrettèrent beaucoup de n'avoir pas
songé à laisser dans cette île dé-
serte un chien et une chienne qui
s'y seroient multipliés de manière à
rendre service aux navigateurs à

venir; car la chair de ces animaux,
quand ils se nourrissent de végétaux,
n'est point du tout désagréable.

En quittant l'île de Norfolk, je
me dirigeai vers la nouvelle Zélande; mon intention étoit de prendre des rafraîchissemens au canal
de la Reine-Charlotte, et de retourner encore une fois vers les
hautes latitudes du pole austral.

Le 18 octobre, nous eûmes cette
terre en vue; et, le 19, M. Walles,
étant débarqué pour dresser un observatoire, reconnut que plusieurs
arbres, qui, lors de notre précédente
relâche, étoient encore sur pied,
avoient été coupés à l'aide de haches
et de scies : quelques jours après,
il fit une découverte; ce fut celle
d'un emplacement où avoient existé

un observatoire, une horloge, etc.
Ces indices annonçoient assez clai-
rement le passage de l'Aventure.

Il ne se passa rien de remarquable jusque dans la matinée du 24
octobre. Nous vîmes enfin deux pirogues descendre le canal ; dès
qu'elles nous apperçurent, elles se
retirèrent derrière un promontoire.
Je me jetai dans un bateau pour
aller rejoindre les insulaires ; ils furent d'abord effrayés, et s'enfuirent
dans l'intérieur des terres ; mais
bientôt nous reconnoissant pour
nous avoir déjà vus, une joie im-
modérée fit place à leurs vaines ter-
reurs ; ils accoururent à nous, nous
embrassèrent, en frottant, suivant
la mode du pays, leurs nez contre
les nôtres. Ils firent, en un mot,

des gambades de la dernière extra-
vagance.

Toutefois ils avoient défendu à
leurs femmes de nous aborder : elles
se tenoient dans l'éloignement. On
leur fit présent de haches, de couteaux, de clous et d'étoffes otahi-
tiennes que nous avions dans le bateau : en retour, ils nous firent part
des produits de leur pêche. (Les
figures 24 et 25 du second atlas
présentent, d'une manière exacte,
le costume bizarre de ces indigènes.)
Nous leur demandâmes par quelle
cause ils avoient d'abord paru nous
fuir ; ils nous firent à cet égard des
réponses vagues et peu intelligibles;
tout ce qu'il fut possible d'y reconnoître, c'est qu'il étoit question de
meurtre. Des informations plus

étendues nous apprirent qu'un vaisseau semblable au nôtre avoit fait
naufrage dans le canal; que plusieurs Indiens, qui avoient volé des
habits et d'autres objets, avoient
payé de leur vie cette témérité. Cependant les munitions des gens de
l'équipage s'étant épuisées, ces Indiens s'étoient trouvés les plus forts,
et avoient assommé leurs ennemis
à coups de casse-têtes, puis en
avoient fait, après leur victoire,
un horrible festin. Quant à ceux
qui vinrent nous visiter, ils protes-
tèrent n'avoir eu aucune part à ce
massacre. Au surplus, ils ne s'ac-
cordoient ni sur le lieu ni sur la
date de ce tragique évènement. Ils
nous donnèrent à entendre par signes que le vaisseau s'étoit brisé

sur les rochers, et que les débris e
avoient été dispersés au large.

Persuadé que cette histoire avoi
rapport au capitaine Furneaux
j'interrogeai plusieurs naturels, entr
autres, Peéterée et un autre Indien
ils eurent la hardiesse de souteni
qu'on n'avoit fait aucun mal au
Européens. Un de nos messieurs
étant à terre, causa avec plusieur
habitans; il leur montra deux feuilles de papier en forme de vaisseaux
dont l'un figuroit la Résolution, et
l'autre l'Aventure. Sur une autre
feuille plus grande, il traça les con-
tours du canal; il y représentoit la
marche et les diverses relâches des
bâtimens. Enfin il y ramena notre
vaisseau tout seul pour la dernière
fois. En ce moment, les naturels

l'interrompirent, en prenant le papier qui représentoit l'*Aventure* ;
ils l'introduisirent dans le hâvre,
et l'en firent sortir. Comptant, avec
leurs doigts, combien de lunes s'é-
toient écoulées depuis ce temps,
ils firent entendre le départ du capitaine Furneaux et de son équipage.

M. Walles m'envoya à bord plusieurs des personnes, de la bouche
desquelles il tenoit les détails du
massacre. Je les interrogeai, mais
je ne pus en tirer d'autre réponse
que le mot *caurey* (non). Ils niè-
rent tout ce qu'ils avoient dit à terre,
et parurent même n'avoir aucune
connoissance de l'évènement. Je
commençai à croire qu'il y avoit
là-dessus quelque méprise, et qu'il

s'agissoit simplement d'une que-
relle avec les insulaires. On trou-
vera dans la suite du volume l
détail de ces aventures dont nou
fûmes instruits au cap de Bonne
Espérance.

Nous observerons, en passant, qu
les Zélandais ont toujours été de
ennemis dangereux pour les navigateurs qui ont abordé sur leur
côtes. Tasman, le premier Européen qui mit le pied sur cette terre
perdit quatre hommes dans la bai
des *Assassins* (1). Les naturels se
saisirent d'un des cadavres, l'em-
portèrent sur leurs pirogues, et l

(1) Elle pourrait bien être la même
que le capitaine Cook a nommé *Baie-
Aveugle*. (Note du traducteur).

mangèrent

mangèrent sans doute; c'étoit en
1642. Ils ont tué dix hommes à
l'Aventure en 1773. L'année précédente, ils avoient assassiné M. Du-
fresne, marin, et 28 personnes de
son équipage. Le capitaine Crozet,
qui servoit sous les ordres de cet officier, faillit être victime de la même
barbarie, et ne dut son salut qu'à
son intrépidité. Il fut même obligé
de prendre d'assaut un de leurs
hippahs, ou villages fortifiés.

Le 31, nos botanistes firent une
excursion dans l'île *Longue*, voisine de la côte. Un d'eux y apperçut un gros cochon noir. Il avoit été,
selon toute probabilité, laissé avec
plusieurs autres, par le capitaine
Furneaux, sur l'île principale; et
les naturels les avoient transportés

sur cette île, pour qu'ils se propageassent avec plus de facilité.

Le 2 novembre, nous arrivâmes dans l'anse de l'herbe où s'étoit passée la scène du capitaine Furneaux. Plusieurs naturels nous dirent qu'un vaisseau y avoit fait naufrage, et que tous les hommes de l'équipage y avoient perdu la vie; mais ils ajoutèrent, avec un empressement qui nous les rendit suspects, qu'ils n'y avoient eu aucune part.

Le 5, je remontai le canal dans la chaloupe, avec MM. Forster et Sparmann; j'espérois trouver une issue au sud-est, mais les pêcheurs que nous rencontrâmes nous assurèrent que le canal prenoit naissance dans l'intérieur des terres, et que conséquemment il ne communiquoit point de ce côté avec la mer. Ces assurances me firent renoncer à mon projet.

Étant débarqués, nous fûmes insensiblement entourés de 200 naturels ; nous jugeâmes prudent de rebrousser chemin. Déjà nous étions en mer, lorsqu'un matelot avertit le capitaine qu'il avoit acheté des poissons à un naturel, et qu'il avoit oublié de les payer. M. Coook, voulant réparer cette omission, prit le dernier clou qui lui restât ; et, appelant le naturel, il le jeta à ses pieds sur le sable. Malheureusement le Zélandais prit cela pour une provocation ; il ramassa une pierre, et la lança avec beaucoup de force dans la chaloupe ; toutefois elle n'atteignit personne. Nous le rappelâmes derechef, pour lui faire voir le clou; dès qu'il l'eut apperçu, il le remassa, se mit à rire de son étourderie, et parut touché de nos bons procédés.

Le 6, nous profitâmes de la bonne humeur d'un chef pour lui demander des nouvelles de l'Aventure. Il répondit que ce vaisseau étoit arrivé peu de temps après notre départ, qu'il avoit relâché pendant 20 à 30 jours, et qu'il étoit parti depuis 10 mois. Il m'assura de plus que jamais ce bâtiment ni aucun autre n'avoient échoué sur la côte, comme on l'avoit prétendu. Tous ces rapports contradictoires ne laissoient pas de m'embarrasser.

Je suis presque sûr que la nombreuse population qui habite les

bords du canal, n'est assujétie à
aucune forme de gouvernement ré-
gulier. Il paroît que chacun des
chefs a droit au respect de la part
de sa tribu ou de sa famille, mais
que ce respect n'a rien d'obligatoire.
Je doute qu'un Zélandais puisse en
contraindre un autre à l'obéïssance.
Un jour que nous étions avec Tringo-Boohée, l'un de ces chefs, une
foule d'habitans nous entoura; et
ce concours de monde plaisoit si peu
à Tringo-Boohée, qu'il faisoit tous
ses efforts pour l'empêcher. Il s'em-
portoit contre eux, et alloit même
jusqu'à leur jeter des pierres; mais
on n'avoit pas le moindre égard
ni à ses paroles ni à ses démonstrations.

Un soir, étant débarqués dans

c 3

une des anses, nous y trouvâmes
deux familles indiennes. Les uns
dormoient, les autres fabriquoient
des nattes, ou faisoient griller du
poisson. Je remarquai une jeune
fille qui s'occupoit à chauffer des
pierres. Je restai auprès d'elle, curieux de savoir à quel usage on les
destinoit : dès que ces pierres se trouvèrent suffisamment chaudes, elle
les retira du feu, et les donna à une
vieille femme. Celle-ci, qui étoit
assise dans la cabane, en fit un monceau qu'elle recouvrit d'une poignée
de céleri et d'une natte d'un tissu
grossier; puis elle s'accroupit dessus,
comme le font en Hollande les
femmes du peuple sur leurs chauf-
ferettes. Je ne présume pas que son
objet fût uniquement de se réchauf-

fer; c'étoit plutôt pour guérir quelque maladie, contre laquèllé la vapeur du céleri peut bien être un spécifique.

CHAPITRE XXIV.

Sortie du canal de la Reine-Charlotte. — Arrivée à la Terre de Feu.—Détails curieux sur cette contrée et ses habitans. — Canal de Noël.

LE 10 novembre 1774, nous levâmes l'ancre, et sortîmes du canal ; il ne nous arriva rien d'intéressant, jusqu'au 16 décembre que nous apperçûmes la terre. Il y avoit tout lieu de croire que c'étoit la Terre de

Feu, près de l'entrée occidentale du détroit de Magellan. Cette partie de l'Amérique qui s'offroit à nos regards avoit l'apparence la plus triste. Elle paroissoit découpée en petites îles qui avoient peu de hauteur, mais étoient cependant très-noires, et presque entièrement stériles. Nous dépassâmes une pointe avancée, que je nommai le cap Glocester; nous doublâmes ensuite le cap Noir, et traversâmes un grand espace de mer. C'est probablement le canal de Sainte-Barbe, qui, au rapport de Fraizier, débouche dans le détroit de Magellan. Les Espagnols connoissent très-bien cette côte, et en ont publié des cartes exactes.

Le 19, nous apperçûmes la pointe

S. E. de la baie Sainte-Barbe. Je
la nommai cap *Désolation*, car c'est
le pays le plus affreux du monde.
Je donnai à une île voisine le nom
de Gilbert; c'étoit celui de mon
maître d'équipage.

Le 21 décembre, nous arrivâmes
à une anse que je fis sonder; on y
remorqua ensuite le vaisseau. Je
montai dans une chaloupe avec
MM. Forster et le docteur Sparmann, afin de reconnoître les parties septentrionales du passage.
Chemin faisant, nous débarquâmes
sur le promontoire d'une île basse
couverte d'herbes, dont une partie
avoit été récemment brûlée. Nous
y apperçûmes des huttes, indices
irrévocables d'habitation.

En tournant cette île, nous rencontrâmes un hâvre superbe par sa largeur, mais triste par l'aspect de ses côtes : je le nommai *Bassin du Diable*. Il y avoit, sur les bords de ce hâvre et d'autres criques voisines que je n'eus pas le temps d'examiner, de l'eau douce et du bois de chauffage; mais, excepté de petits bosquets d'arbrisseaux, tout le reste du pays est une roche nue, frappée d'une stérilité éternelle.

Nous apperçûmes dans ces parages plusieurs espèces de canards sauvages. Il y en avoit une de la grosseur d'une oie. Ces animaux couroient sur la surface de la mer avec une vîtesse surprenante, en s'aidant à la fois de leurs ailes et de leurs pieds. Les ailes de cet animal, d'une brièveté extrême, n'étoient

propres qu'à lui servir de rames. Il
avoit les plumes grises, et un petit
nombre de *couvertures* blanches,
le bec et les pieds jaunes, et deux
grandes callosités nues, de la même
couleur, à l'articulation du milieu
de chaque aile. Nos matelots ap-
peloient ce canard *race-horse*, cheval de course, à cause de la vélocité
de sa marche; mais d'autres Anglais,
qui l'ont apperçu aux îles Falkland,
lui ont donné le nom de *Logger-*
head-duck (canard *lourdaut*). Cette
dernière dénomination semble en
contradiction avec la première; mais
elle est juste, si on n'a égard qu'à la
conformation lourde et peu gracieuse
de cet animal, qui semble établir
un *passage* entre les *oiseaux* na-
geurs et les quadrupèdes amphibies.

Nous trouvâmes sur une des îles
une sorte d'arbousier qui y étoit sin-
gulièrement multiplié. Les baies de
cet arbre étoient rouges, de la grosseur de petites cerises de bois, et
excellentes à manger. Les rochers
étoient remplis de gros moules,
meilleurs que des huîtres.

En faisant le tour de l'île Shagg,
à l'entrée du grand hâvre de Clarke,
j'y remarquai une multitude de nids
que les *fous* ou *nigauds* avoient
faits dans les crevasses du rocher.
Ils choisissent pour emplacement
les endroits où les roches d'ardoises
sont escarpées, et même s'avancent
jusque sur la mer. Ils n'ont pas
seulement pour objet de les établir
dans des lieux inaccessibles à leurs
ennemis ; mais l'instinct leur a appris

pris que leurs petits y courent moins
de dangers, parce que s'ils se laissent tomber, ils tombent dans l'eau
et ne se blessent point.

Nous tuâmes sur une des côtes
de cette île trois oies. Dans cette
espèce, le mâle et la femelle présentent des différences frappantes.
Le jar étoit un peu plus petit que
nos oies domestiques, et entièrement
blanc, si ce n'est les pieds et le bec
qui étoient, celui-ci noir, ceux-là
jaunes.

La femelle, au contraire, étoit
noire et bariolée de raies blanches
transversales. Elle avoit la tête grise,
quelques *couvertures* vertes, les autres blanches. La nature semble
avoir réservé cette couleur à la femelle, afin que se confondant avec

les rochers, elle échappât plus aisément aux éperviers et aux autres
oiseaux de proie.

- M. Pickersgill alla de son côté à
la chasse avec un détachement. Ils
rapportèrent 3oo œufs d'hirondelles
et 14 oies ; nous pouvions régaler
ainsi l'équipage pour les fêtes de
Noël. Le 23, plusieurs naturels,
montés sur neuf pirogues, parurent
aux flancs du vaisseau ; ils se rendirent à bord, sans se faire beaucoup
presser. Ils paroissoient fort bien
connoître les Européens, et ils
avoient plusieurs couteaux de fer.

Le lendemain 24, ils nous firent
une autre visite ; je les reconnus pour
appartenir à la même nation que
j'avois vue autrefois dans la baie de
Bon-Succès, et que M. de Bougain-

ville distingue sous le nom de *Péché-*
rais : j'observerai que ces Indiens
répètent ce mot à tout moment.

Ils sont petits, laids, et d'une mai-
greur extrême. Leurs yeux sont petits et sans expression; leurs cheveux
noirs, lisses, flottans en désordre, et
graissés avec de l'huile. Ils n'avoient,
sous le menton , que quelques poils
clair-semés; de leur nez sortoient des
secrétions dégoûtantes , qu'ils rece-
voient , sans répugnance, dans leur
bouche entr'ouverte. Tout leur exté.
rieur, en un mot, annonçoit la misère et la mal-propreté les plus ré-
voltantes.

Ils n'avoient pas d'autre vêtement
qu'un manteau de cuir de veau-marin , qui couvroit leurs épaules , et
leur laissoit , à la plupart, les par-

ties inférieures du corps absolument
découvertes. On nous dit que les
femmes se cachent le milieu du corps
avec une peau de veau-marin, et
que, du reste, leur costume ressem-
ble à celui des hommes ; elles se tinrent, ainsi que les enfans, dans les
pirogues. Je remarquai, de loin,
qu'elles avoient, autour de leur cou,
un grand collier de coquillages, en-
filés à un cordon de cuir. Leur tête
était couverte d'une sorte de bonnet,
composé de grandes plumes d'oies
blanches, placées toutes droites.

Quoique ce climat soit très-froid,
je vis, à la mamelle, des enfans
qui étoient absolument nus. C'est
ainsi qu'on parvient à les endurcir,
dès l'âge le plus tendre, contre la
fatigue et le froid.

Ces Indiens étoient armés d'arcs et de flèches ; ils avoient aussi des harpons d'os , emmanchés sur un bâton de dix pieds environ , dont ils se servent sans doute pour prendre des veaux-marins , et même des baleines , comme les eskimaux.

Je leur fis donner du biscuit ; ils ne parurent pas avoir , comme on l'a avancé , beaucoup de goût pour cet aliment. Ils préféroient la chair pourrie de veau-marin.

Il y avoit toujours , dans leur pirogue , un feu qu'ils entretenoient avec soin , moins pour se chauffer , qu'afin d'être toujours prêts à en allumer à terre. En effet , quoiqu'ils sachent bien faire du feu , ils n'ont pas toujours à leur disposition les matériaux nécessaires ; par exemple,

D 3

ce bois sec et poreux, qui s'enflamme
à la première étincelle. Ils avoient
de plus, dans leurs canots, de grandes peaux de veaux-marins, qui
leur servent à s'abriter, soit en pleine
mer, soit à terre; ils les employoient
aussi quelquefois en guise de voiles.

Ces sauvages préféroient la partie huileuse de la chair de veau-marin, et croyoient faire une grande
politesse à nos matelots, en leur
offrant de prendre leur part d'un
semblable régal. Tous les peuples
des latitudes voisines de l'un et de
l'autre pole aiment cette huile par
instinct : on dit qu'elle leur est salutaire, en ce qu'elle échauffe leur
corps contre les rigueurs du froid.
La chair, les habillemens, les armes,
les ustensiles, et toutes les parties

du corps de ces sauvages, exhalaient une odeur si fétide, qu'il nous étoit impossible de séjourner long-temps parmi eux. Les yeux fermés, nous les sentions à une grande distance. Nos matelots eux-mêmes, qui, jusque-là, ne s'étoient pas à beaucoup près montrés difficiles, en conçurent un tel dégoût, qu'ils ne cherchèrent pas à contracter de liaisons avec les femmes.

Si jamais quelques enthousiastes ont pu révoquer en doute la prééminence de la vie civilisée sur la vie sauvage, il suffiroit, pour les convaincre (si toutefois quelque chose peut convaincre l'homme qui s'est fortement prononcé en faveur d'une opinion), il suffiroit de leur montrer ces Indiens.

Les indigènes, qui nous visitèrent le jour de Noël, ne prirent aucune part à notre régal; et l'on se garda bien de les y inviter; car leur saleté hideuse eût suffi pour ôter tout appetit à l'Européen le plus glouton. On nous servit à dîner des oies rôties et bouillies, des pâtés d'oies, et autres mets qui étoient pour nous des friandises. Nous avions encore quelques bouteilles de vin de Madère; c'étoit la seule de nos provisions que la mer eût améliorée. Je crois bien que nos amis d'Angleterre ne firent pas plus gaiement que nous la fête de Noël. Les matelots ne s'en tinrent pas à la journée du 25; ils prolongèrent leur régal jusqu'au lendemain; la plupart étoient morts-ivres; on fut obligé de les jeter dans

les chaloupes comme de vils animaux ; on les mena à terre , où ils
reprirent leurs sens en plein air.

J'ai donné , pour cette raison , le
nom de canal de Noël à ce bras de
mer. (*Voyez la pl. 26 du second
altas.*) D'après la connoissance que
les habitans semblent avoir des Européens , il est probable qu'ils n'habitent pas toujours ce canton , et
qu'ils se retirent au nord pendant
l'hiver (1).

Nous appareillâmes le 28 décembre, et nous rapprochâmes vers le sud
des îles de Saint-Ildephonse ; nous
les vîmes le lendemain. Après cela ,

(1) Cet hémisphère est l'inverse du
nôtre. Le nord est plus chaud que le
midi. (*Note du traducteur.*)

nous nous dirigeâmes à l'est ; nous
doublâmes une pointe qui , dans
certaines cartes , est appelée le *faux
cap Horn* ; le 30, nous dépassâmes
le véritable cap de ce nom , et nous
entrâmes dans l'océan atlantique
méridional.

Il paroît y avoir , entre ces deux
caps , un passage qui conduit direc-
tement dans la baie de Nassau, découverte, en 1624, par l'amiral l'Her-
mite , qui commandoit la flotte hollandaise.

CHAPITRE XXV.

Arrivée à la baie de Bon-Succès. —
Découvertes de plusieurs îles, et notamment de la nouvelle Géorgie et
de la terre de Sandwich. — Conjec-
tures sur la formation des îles de
glaces. — Retour au cap de Bonne-
Espérance.

Etant arrivé à la baie de Bon-
Succès, j'arborai notre pavillon, et
fis tirer deux coups de canon ; bientôt nous vîmes, comme en 1769,
sortir de la fumée des bois au-dessus
de la pointe méridionale de la baie.
J'envoyai à terre M. Pickersgill, et
le chargeai de s'informer si les In-

diens avoient quelque connoissance du capitaine Furneaux ; mais il n'en apperçut aucune trace. J'avois inscrit le nom de la Résolution sur une planche, qu'il cloua à un arbre au même endroit où l'Endeavour avoit mouillé, afin d'instruire M. Furneaux de notre passage, si par hasard il y venoit après nous.

Les naturels, avec lesquels M. Pickersgill entra en conversation, étoient vêtus de peaux de veaux-marins. Ils avoient des bracelets de fil d'argent, travaillés en filigrane ; ces ouvrages venoient sans doute d'Europe. Les Indiens étoient de la même race que ceux du canal de Noël ; comme ceux-ci, ils prononçoient, à tout propos, le mot *Pesserai*, soit qu'ils voulussent exprimer

mer de la joie, soit qu'ils voulussent témoigner de la douleur.

Cette baie fourmille de baleines et de veaux-marins, au point que le bateau faillit échouer sur un de ces monstres.

Le lendemain, 31, je marchai sur l'extrémité orientale des Etats; nous arrivâmes bientôt au cap Saint-Jean.

Après dîner, trois bateaux se rendirent à terre. L'un des détachemens étoit chargé de tuer des veaux-marins; les autres de prendre, soit des poissons, soit des oiseaux, soit d'autre gibier. Au bruit que faisoient les phoques, on eût dit que l'île entière étoit remplie de vaches et de taureaux; ils différoient essentiellement des veaux-marins; on les appela d'abord lions-de-mer, à cause de la grande ressemblance qu'a le mâle avec le roi des animaux. On les nomme aujourd'hui ours-de-mer. En général ils étoient si peu farouches, ou plutôt si stupides, que nous pouvions en approcher assez pour les assommer à coups de bâton.

Les phoques vivent en société : leurs troupes sont nombreuses. Les mâles les plus vieux et les plus gras se tiennent à part. Ils se choisissent chacun un large quartier de roche, où ils se couchent. Ils sont prêts à combattre tous ceux qui osent les approcher.

Le lendemain, 1er janvier 1775, voyant que ce canal promettoit beaucoup de rafraîchissemens aux vaisseaux, si l'on pouvoit y trouver un hâvre, j'en fis chercher un. Mon lieutenant découvrit un excellent port à l'ouest du cap Saint-Jean, nous nous y rendîmes dès le surlendemain. Nous y prîmes les rafraîchissemens convenables, et quittâmes enfin la terre des Etats.

Le 14 janvier, nous crûmes appercevoir une ile de glace; mais à midi nous doutâmes si ce n'étoit pas une terre. Enfin nous nous en convainquîmes; je nommai cette île, île *Willis*, du nom de celui qui l'apperçut le premier (1).

C'est un rocher élevé, mais de peu d'étendue, près duquel il y a des îlots de roches. Sa position est

(1) C'est peut-être la même dont parle M. Guyon: il la vit en juin 1756, et l'appela *île de Saint-Pierre*.

par 54ᵈ de lat. sud et 38ᵈ 23ʳ de long.
occidentale. Je nommai île de l'Oi-
seau (Bird-Island) une autre île
qui l'avoisine, et qui est peuplée
d'une prodigieuse multitude de volatiles.

Le 17, je gouvernai sur une terre;
nous arrivâmes sur une chaloupe
dans une baie, que je nommai baie
de *Possession*, parce que j'en pris
possession au nom du roi d'Angleterre, en déployant le pavillon anglais, et faisant faire une décharge
de mousqueterie.

Le fond de la baie, et plusieurs
points de la côte étoient couronnés
de rochers de glace perpendiculaires,
d'une hauteur considérable (*Voy. la
pl. 27 du 2ᵉ atlas*). Il s'en détachoit
continuellement des blocs. Tandis

que nous étions dans la baie, une masse énorme tomba, et fit un fracas épouvantable, semblable au bruit du canon.

Ces masses sont absolument du même genre que celles que le capitaine Phipps a vues au Spitzberg. L'intérieur du pays n'étoit ni moins aride ni moins sauvage que son abord. Aucun arbre n'y croissoit; les seules traces de végétation étoient quelques touffes de *dactylis glomera* et de *sanguisorba*, ou pimprenelle des bois. Les roches de schistes étoient couvertes d'un lichen ou d'une mousse.

On y voyoit, en grand nombre, les lions-marins, ou les ours-de-mer dont nous avons parlé à l'article de la terre des Etats; mais ils étoient

E 3

d'une plus petite taille que ceux-ci ;
à en juger par la quantité de petits
qui fourmilloient sur le rivage, il
n'y avoit guère que des femelles.
Ils étoient aussi plus farouches que
dans les îles que nous avions visi-
tées vers les premiers jours de janvier, et que, pour cette raison,
je nommai *îles du Nouvel-An*. Les
côtes étoient remplies de la plus
grosse espèce de pingouins que j'aie
jamais vue ; ce sont ceux que M.
Pennant, célèbre naturaliste anglais,
désigne sous le nom spécifique de
pingouins des Patagons. La description s'en rapporte absolument à
celle qu'a donnée M. Bougainville
des pingouins des îles Falkland.

Les seuls oiseaux de terre que
nous apperçûmes furent de petites

alouettes : aucun quadrupède ne se montra à nos regards. Il est vrai que M. Forster observa, dans les rochers, de la fiente qu'il attribua à un renard ou à un animal de ce genre.

Le 18, nous eûmes en vue une île qui paroît former l'extrémité orientale de cette terre. Je nommai cap Charlotte le mondrain le plus près de nous ; un autre fut appelé cap George. Je donnai les noms de baie Royale et de baie de Sandwich à deux petites anses que j'y dé— couvris.

Le 20, ayant porté au sud-ouest, nous arrivâmes à l'île Cooper, ro— cher d'une grande élévation ; plus loin je découvris une autre terre que j'appelai île Pickersgill. Enfin nous reconnûmes la dernière extrémité

de la grande terre ; et il fut vérifié
que c'étoit une île de 70 lieues de
tour environ, et non une partie d'un
grand continent, comme on l'avoit
pensé d'abord.

Auroit-on pu se croire qu'une île
d'aussi peu d'étendue, située entre
le 54e et le 55e degré de latitude,
c'est-à-dire, à peu-près dans le climat que la Pologne occupe sur l'hémisphère boréal, fût couverte de
neiges éternelles à plusieurs brasses
de profondeur.

Pendant l'hiver, les glaces s'amon-
cèlent sur les hauteurs sourcilleuses;
vers le printemps et l'été, elles s'en
détachent, roulent dans la mer, et
fournissent ainsi leur contingent à
la multitude de glaçons que charrie
l'océan méridional. Mais que ce tra-

but est foible , en proportion de
l'immensité des glaces! A peine en
formeroit-il la dix-millième partie.
Il faut donc qu'il y ait d'autres terres
où la glace puisse prendre naissance.

Je donnai à la grande île le nom
de *Géorgie* , en l'honneur du roi
régnant ; elle gît par 53ᵈ 57ʼ, et 54ᵈ
57ʼ de latitude australe , et 38ᵈ 13ʼ
et 35ᵈ 34ʼ de longitude occidentale.
Elle s'étend du S. E. ⅛ E. au N.
O. ¼ O. Sa longueur , dans cette direction , est de 31 lieues ; sa plus
grande largeur n'en surpasse pas
dix. Une multitude de baies et de
havres en découpent la côte.

Nous reprîmes notre route vers le
sud ; mais nous n'allâmes pas plus
loin que le 60ᵉ degré : rien n'étoit
plus fastidieux que d'être sans cesse

entouré de glaces et de brumes épaisses. D'ailleurs les fatigues excessives qu'enduroit l'équipage avoient altéré la santé d'un grand nombre de nos gens.

Le 31, je découvris une terre, la plus méridionale de toutes celles que l'on ait reconnues jusqu'à présent ; je l'appelai *Thulé-Australe*. La superficie en est fort élevée ; elle est de toutes parts couverte de neiges. Je vis, entre cette pointe et une autre que j'appelai cap Bristol, un grand bras de mer, qui, probablement, prend naissance au milieu des terres ; persuadé que c'étoit une baie, je la nommai baie Bristol.

Le 1er février, je reconnus un promontoire de la même terre, que je nommai cap *Montague*.

Parmi les îles de glaces qui hérissoient la côte, il y en eut une qui fixa principalement mon attention, par sa hauteur et l'étendue de sa circonférence. Les vagues de la mer n'en avoient point encore creusé les côtes escarpées ; d'où je conclus que cette masse énorme étoit depuis peu détachée de la terre.

La Géorgie australe étoit privée d'êtres humains, mais du moins elle étoit habitée par des phoques et autres animaux amphibies ; mais cette nouvelle terre ne paroissoit pas même jouir d'un aussi foible avantage. Je nommai cette terre, terre de Sandwich ; et je suis porté à croire que c'est un groupe d'îles ou une pointe de continent. En effet, je crois fermement qu'il y a, près du

pole , une immense étendue de terre,
où se forment la plupart des glaces
qui interrompent la navigation à
plusieurs degrés de ce même pole.
Si l'on suppose que ces terres n'existent pas , et que d'ailleurs la glace
puisse se former sans leurs secours (1), il en résulte que, comme

(1) Il est très-possible que les glaçons
se forment dans le sein des mers, ainsi
que dans nos fleuves, sans avoir besoin
d'aucun point d'appui. Il suffit qu'un
petit atome de glace se crystallise, pour
qu'il en attire une multitude d'autres,
et compose ensuite une masse énorme.
Il faut avouer cependant que cette ob-
jection ne détruit pas le reste du rai-
sonnement de M. Cook, qui a observé
une inégalité frappante dans les ama-
de glaces, sous les mêmes parallèles;

fr⌐

le froid doit être à peu-près uniforme dans les environs du pole, jusqu'au 70e ou 60e degré, en conséquence nous devions voir par-tout, sous le même parallèle, une égale quantité de glace. C'est cependant une chose dont l'expérience a démontré le contraire.

Toutefois si ce fameux continent austral existe, c'est, selon toute vraisemblance, en dedans du cercle polaire, dans des parages où la mer est tellement obstruée par les glaces, qu'aucun navigateur ne pourra jamais se promettre d'y aborder. Tel est le danger que l'on court à re-

moins que les vents ou les courans n'en déterminent le concours dans le même lieu. (*Note du traducteur.*)

connoître une côte dans ces mers inconnues, et semées de glaces, que j'ose affirmer que jamais personne ne se hasardera à s'avancer plus loin que moi vers le sud.

La nature a condamné cette triste contrée à ne jamais être réchauffée par les rayons vivifians du soleil, à être éternellement ensevelie sous des monceaux de neige ou de glaces. Les ports que l'on trouve dans les îles de cet affreux climat sont comblés par les glaces. Si quelqu'un étoit assez profond pour recevoir un vaisseau, le bâtiment courroit grand risque d'y rester pour jamais engagé, ou, s'il en sortoit, de se trouver incrusté dans une île de glace.

Il me restoit à chercher le cap de

la Circoncision , découvert par Bouvet ; je courus les parallèles où cette terre pouvoit exister, mais je ne la rencontrai pas : il faut donc que ce marin se soit trompé , et qu'il ait pris des îles de glace pour des terres véritables.

Il est donc démontré sans réplique , qu'il n'y a point de continent austral , à moins qu'il ne soit très-voisin du pole , et hors de la portée des navigateurs. Si enfin cette terre n'est point une chimère , j'ai plusieurs raisons pour croire que sa position doit être vis-à-vis la mer Atlantique australe , et vis-à-vis celle de l'Inde ; une des preuves les plus concluantes , c'est que dans ces parages nous avons toujours éprouvé , à latitudes égales , un froid plus vif que dans la mer Pacifique du sud, proprement dite.

Je me décidai à gouverner vers le cap de Bonne - Espérance , en cherchant toutefois à retrouver les îles de Denia et de Marseveen, dont le docteur Halley a déterminé la position sur sa carte ; mais je vis bientôt que rien n'annonçoit l'existence de ces terres. J'aurois perdu mon temps , soit à les chercher opiniâtrément ; soit à vouloir prouver qu'elles n'existent point. Tout notre équipage brûloit d'impatience d'entrer dans un port. Toutes nos provisions fraîches, recueillies, soit au canal de Noël , soit aux îles du Nouvel-An, avoient été rapidement consommées. Il ne nous restoit plus que de vieilles salaisons, dont

on ne mangeoit qu'avec une excessive répugnance , et uniquement à
cause d'une absolue nécessité.

Il y avoit *vingt-sept mois* que
nous étions sortis du cap de Bonne-
Espérance , et depuis cette époque
nous n'avions touché à aucun port
européen : le 16 mars enfin , nous
rencontrâmes deux vaisseaux mar-
chant à l'ouest, dont l'un portoit
pavillon hollandais.

Suivant les instructions de l'amirauté , je me fis remettre par les officiers et bas officiers les livres de
lok et les journaux ; je les ca-
chetai , afin de les communiquer
aux lords de l'amirauté. Je leur en-
joiguis même , ainsi qu'à tout l'é-
quipage , de ne pas dire où nous
avions été, avant qu'ils n'en eussent

reçu la permission spéciale de l'amirauté. Je fis mettre, le 18, une chaloupe en mer, et la dépêchai vers
un des vaisseaux en question, qui
étoit à deux lieues de nous, afin de
savoir des nouvelles d'Europe.

Ce navire arrivoit du Bengale; il
se nommoit *Bownkerke - Polder.*
M. Corneille Bosch, son capitaine,
eut l'honnêteté de nous offrir du
sucre, de l'arak, et plusieurs des rafraîchissemens qu'il avoit en réserve.
Il se trouvoit à bord de ce bâtiment
des matelots anglais, qui dirent à
nos gens que, l'année d'auparavant,
l'Aventure étoit arrivée au cap de
Bonne-Espérance; que les habitans
de la nouvelle Zélande avoient
massacré et mangé l'équipage d'une
de ses chaloupes. Ainsi se confirma

le désastre dont nous avoient parlé les Indiens du canal de la Reine-Charlotte.

L'autre vaisseau étoit un vaisseau anglais, le *True Briton*, venant de la Chine. Comme il se rendait directement en Angleterre, sans relâcher au cap, je mis à son bord une lettre pour le secrétaire de l'amirauté.

Nous obtînmes de l'équipage de ce bâtiment, sur ce qui étoit arrivé à l'*Aventure*, les mêmes détails que nous tenions du navire hollandais. Le capitaine Broadly, qui le commandoit, s'empressa aussi de nous donner des rafraîchissemens ; il joignit à ce présent de vieilles gazettes anglaises qui étoient nouvelles pour nous, et nous amusèrent infiniment.

Le 21 mars, nous apperçûmes le cap de Bonne-Espérance, et la montagne de la Table qui surmonte la ville. En rapportant à la ville du cap la longitude qu'indiquoit la montre marine, il se trouva que l'erreur étoit seulement de 18 secondes en longitude, trop loin à l'est; différence presque inappréciable, et qui atteste la sûreté de nos observations.

Le lendemain matin, qui étoit pour nous le mercredi 22, mais pour les habitans du cap le mardi 21, nous jetâmes l'ancre dans la baie de la Table.

J'appris qu'en effet l'Aventure avoit relâché au cap, en retournant en Angleterre : on me remit une lettre du capitaine Furneaux, par

laquelle il m'annonçoit la perte de
sa chaloupe , et de dix de ses meilleurs hommes , dans le canal de la
Reine-Charlotte. Après que nous
nous fûmes rejoints en Angleterre ,
il m'a communiqué les détails com-
plets de sa route et de son voyage ,
depuis l'instant de notre séparation.
Je vais les rapporter sommairement,
en faisant parler le capitaine Furneaux lui-même.

CHAPITRE XXVI.

Route du capitaine Furneaux sur l'A-
venture, depuis sa séparation de la
Résolution jusqu'à son arrivée en
Angleterre. — Massacre par les Zélandais de l'équipage d'une chaloupe,
d'après le récit du lieutenant Burney. — Relâche au cap de Bonne-
Espérance, et retour de l'Aventure
en Europe.

QUATORZE jours après notre départ de l'île d'Amsterdam, qui eut
lieu le 16 octobre 1773, nous découvrîmes la nouvelle Zélande, dont
je prolongeai la côte, par le travers
du cap *Turnagain.* Le 10 novem-

bre, nous arrivâmes près du cap
Palliser : les naturels nous vendirent
un grand nombre d'écrevisses. Le
mauvais temps nous tourmenta au
point que nous désespérions d'arri-
ver sains et saufs au canal de la
Reine-Charlotte, ou de rejoindre la
Résolution. Nous mouillâmes, le 5,
dans la baie de Tolaga.

Les naturels de cette côte sont de
la même race que ceux de la Reine-
Charlotte, mais en bien plus grand
nombre. Ils paroissent sédentaires ;
ils ont des plantations en bon ordre
de patates douces, et d'autres racines également bonnes. Leurs eaux
fourmillent d'écrevisses et de poissons, qu'ils nous vendirent à bon
compte. Sur une des pirogues, nous
observâmes une tête de femme, or-

née de plumes et de divers colifi-
chets. Elle étoit là comme exposée
en parade. On eût dit qu'elle étoit
animée ; mais, en l'examinant de
plus près, nous vîmes qu'elle étoit
desséchée. Ses traits étoient parfaitement conservés. On la gardoit ainsi
sans doute, par respect pour sa mémoire.

Ne voyant d'abord aucune trace
de la Résolution, je craignis qu'elle
n'eût fait naufrage ; mais, étant débarqués, le 30 novembre, dans le canal de la Reine-Charlotte, nous reconnûmes l'endroit où son équipage
avoit dressé ses tentes. Nous lûmes
sur un vieux tronc d'arbre ces mots
gravés LOOK BENEATH : (*regardez
ici dessous*). En faisant des fouilles
dans la terre, on trouva une bou-
teille

teille cachetée. Elle contenoit une lettre du capitaine Cook, par laquelle il m'informoit de son arrivée qui avoit eu lieu le 3 du mois courant de novembre, et de son départ qui avoit eu lieu le 24 du même mois, c'est-à-dire six jours seulement avant notre arrivée. Il ajoutoit qu'il se proposoit de nous chercher quelques jours à l'entrée du détroit.

Brûlant du desir de le rejoindre, je me hâtai de mettre le vaisseau en état de rentrer le plus promptement possible en pleine mer.

Pendant nos travaux, les Indiens vinrent nous voir et trafiquer avec nous, comme de coutume. Ils paroissoient très-bien disposés en notre faveur, quoiqu'ils eussent rôdé deux fois pendant la nuit, tout autour de nos tentes, dans le dessein de nous voler; mais ils furent découverts avant d'avoir eu le temps de s'emparer de la moindre chose.

Le 17 décembre, toutes nos provisions d'eau, et de bois étant achevées, je chargeai M. Rowe, officier de poupe, d'aller, avec le grand canot, cueillir sur la côte des herbes potagères. Je lui ordonnai de revenir le même soir, parce que je comptois mettre à la voile le lendemain; mais ne l'ayant pas revu, ni le soir du même jour, ni dans la matinée du lendemain, j'équipai la chaloupe pour aller à sa recherche. M. Burney y monta, à la tête de plusieurs matelots et de dix soldats de marine. J'étois porté à croire que la curiosité avoit conduit M.

Rowe dans la baie orientale que
jamais aucune personne de l'équipage n'avoit visitée, ou bien que
quelque accident étoit arrivé au
canot, qu'il avoit été emporté à la
dérive par la négligence du pilote,
et qu'il s'étoit enfin brisé au milieu
des rochers. Tels étoient les soupçons
qui se présentoient naturellement à
mon esprit, car je ne pouvois croire
que nos gens eussent été attaqués
par les naturels, vu que nos chaloupes avoient souvent été plus haut et
avec moins de monde. Mais je fus
bientôt cruellement détrompé de
mon erreur. M. Burney revint le
même soir à 11 heures, et nous ra-
conta, en ces termes, la scène
affreuse qui s'étoit passée.

« Le 18 décembre, nous partîmes

» du vaisseau ; et, secondés par une
» brise légère , nous ne tardâmes
» pas à doubler l'île *Longue*. J'exa-
» minai avec ma lunette toutes les
» anses de la côte. A une heure et
» demie, nous atterrîmes pour faire
» cuire nos alimens. Pendant ce
» temps-là , un Indien couroit sur
» la côte opposée, le long du riva-
» ge , au fond de la baie ; après
» nous être rembarqués, nous arri-
» vâmes au fond, et y apperçûmes
» une bourgade zélandaise.

» A notre approche , quelques
» Indiens descendirent sur les ro-
» chers ; ils nous firent signe de re-
» brousser chemin ; mais, voyant
» que leurs démonstrations ne nous
» faisoient pas d'impression , ils
» changèrent de manières. Je laissai

» auprès de la chaloupe une force
» suffisante pour qu'elle fût en sûre-
» té, et je m'avançai dans les terres.
» Je ne trouvai rien qui me pût faire
» naître des soupçons; en consé-
» quence je dirigeai mes recherches
» sur la côte orientale. Les habi-
» tans nons invitèrent à débarquer.
» Je leur demandai des nouvelles
» de la chaloupe; ils répondirent
» qu'ils n'en savoient aucune. Dans
» un autre endroit, quelques natu-
» rels prirent la fuite en nous voyant;
» Je pressentis que je pourrois re-
» cueillir en cet endroit des infor-
» mations sur le canot de M. Rowe.
» Etant allés à terre, nous trouvâ-
» mes des débris du canot, et des
» souliers, dont un fut reconnu
» pour appartenir à M. Wood-

G 3

» House, l'un de nos officiers de
» poupe.

» En même temps, un des matc-
» lots m'apporta un morceau de
» viande , et me dit que c'étoit
» probablement de la viande salée
» que l'équipage avoit emportée
» avec lui : mais, à l'examen et au
» flair , je reconnus qu'elle étoit
» fraîche. M. Fannin , le maître
» d'équipage, présuma que c'étoit
» de la chair de chien , et je fus de
» son avis. J'ignorois encore que
» cette peuplade fût cannibale ,
» mais bientôt nous n'eûmes plus ,
» hélas! de doute à cet égard.

» Nous ouvrîmes environ une
» vingtaine de paniers qui étoient
» restés sur la grève. Ils étoient
» remplis, les uns de chair humaine

» rôtie, les autres de racines de fou-
» gère, que ces naturels mangent
» en guise de pain. En poursuivant
» nos recherches, nous trouvâmes
» une demi - douzaine de souliers
» et une main humaine. Il nous fut
» facile de reconnoître cette main
» pour avoir appartenu à *Thomas*
» *Hill*. Elle étoit tatouée à la
» manière otahitienne des deux
» initiales T. H.

» En remontant plus loin dans
» les bois, nous ne découvrîmes
» rien autre chose, si ce n'est un
» monceau de terre fraîchement re-
» muée, d'environ quatre pieds de
» diamètre. Tout annonçoit qu'on
» y avoit enfoui quelque chose. A
» défaut de bêches, nous piochâ-
» mes la terre avec nos sabres ; et

» pendant ce temps-là je fis lancer

» à la mer la pirogue des Zélandais,

» afin de la détruire. Mais, à l'aspect

» d'une grosse colonne de fumée

» qui s'élevoit de la colline la plus

» proche, j'ordonnai à tout mon

» monde de retourner à bord de la

» chaloupe, et je m'empressai de

» profiter du temps qui nous restoit

» avant le coucher du soleil.

» Nous vîmes, à l'embouchure

» d'une baie voisine de celle de

» l'Herbe, quatre pirogues, dont

» une étoit simple, et les trois

» autres doubles. Une foule d'In-

» diens remplissoit le rivage. A

» notre approche, ils se retirèrent

» sur une petite éminence au bord

» de la mer, et de là ils entrèrent

» en pourparler. Les pirogues pa-

» roissoient vides ; mais, craignant
» qu'il n'y eût des hommes cachés
» au fond pour nous surprendre, j'y
» fis tirer un coup d'espingole. Les
» sauvages, retranchés sur la petite
» colline, ne continuoient pas moins
» à pousser des exclamations vers
» nous ; ils nous invitoient par
» signes à débarquer. Dès que nous
» fûmes plus près de terre, nous
» fîmes une décharge générale de
» nos fusils.

» Cette première volée ne parut
» pas infiniment les inquiéter ; mais
» la seconde les contraignit de se re-
» tirer à la hâte, et en désordre. Quel-
» ques-uns d'entre eux jetoient des
» hurlemens terribles. Tant que nous
» apperçûmes des Indiens à travers
» les broussailles, nous ne cessâmes

» point de faire feu. Il se trouva
» deux de ces hommes très-robus-
» tes, qui ne se déterminèrent à
» s'en aller que quand ils se virent
» abandonnés de tous leurs compa-
» triotes. Enfin , ils se retirèrent
» avec un sang-froid et une intrépi-
» dité dignes d'éloges. Leur fierté
» ne leur permettoit pas de courir.
» Il y en eut cependant un qui fut
» atteint. Après être resté quelques
» instans immobile, il se releva, et
» se traîna sur les pieds et sur les
» mains : l'autre s'échappa sans ac-
,, cident. Maître du champ de ba-
» taille, j'y débarquai avec les sol-
» dats de marine ; M. Fannin de-
» meura en arrière pour surveiller
» la chaloupe. Il y avoit sur la
» grève deux paquets de céleri,

qu'avoient cueillis les gens de M.
Rowe. Un débris de rame étoit
implanté en terre, et les naturels
y avoient amarré leur canot,
preuve certaine que l'attaque s'é-
toit passée dans ce lieu.

» Je me mis de suite à faire des
recherches pour retrouver notre
canot; mais bientôt une scène de
désolation et de carnage se pré-
senta à nos yeux. Les têtes, les
cœurs, les poumons d'un grand
nombre de nos gens, étoient dispersés sur le sable; non loin de
là, des chiens en dévoroient les
entrailles. . . .

» Tandis que nous étions occupés à contempler ces tristes restes
sans pouvoir nous en arracher, M.
Fannin nous donna le signal con-

» venu pour nous avertir qu'il ap-
» percevoit dans les bois une troupe
» de sauvages. Aussitôt nous rétro-
» gradâmes vers la chaloupe, et,
» traînant sur le sable les pirogues
» des Indiens, nous en détruisîmes
» trois. En ce moment, le feu qui
» n'avoit cessé de briller sur le
» sommet de la colline s'éteignit;
» les Indiens parloient fort haut
» dans les bois : je crois que l'on y
» discutoit la question de savoir si
» l'on nous attaqueroit, et si l'on
» s'efforceroit de reprendre les piro-
» gues. Attendu que la journée étoit
» fort avancée , je descendis dere-
» chef à terre , je cherchai encore
» une fois dans les broussailles le
» canot de M. Rowe. Ne l'ayant
» pu découvrir, je me mis en route
» ver

» vers le vaisseau. Nous aurions eu
» à peine assez de forces pour gra-
» vir la moitié de la colline ; et
» c'eût été d'ailleurs une folie de
» nous hasarder dans le cœur du
» pays , avec le foible détachement
» dont je pouvois disposer.

» Trois ou quatre milles plus
» haut il y avoit un grand feu qui
» formoit un ovale complet ; c'étoit
» en quelque sorte une haie en-
» flammée qui entouroit un espace
» vide. M. Fannin, que je consultai,
» fut d'avis avec moi que nous ne
» pouvions pas compter sur la misé-
» rable satisfaction d'ôter la vie à
» quelques sauvages de plus. En
» quittant l'anse de l'Herbe , nous
» avions tiré tous à la fois sur le lieu

» où parloient les Indiens ; mais
» nos armes étant humides, elles
» ne partoient pas. Pour surcroît de
» contrariété, il tomba une forte
» averse, plus de la moitié de nos
» munitions étoit épuisée ; il y
» avoit derrière nous six grandes
» pirogues qui pouvoient nous ré-
» sister. Avec tant de désavanta-
» ges je ne pensai pas devoir m'a-
» vancer plus loin, sans autre utilité
» que celle de satisfaire un trop
» juste ressentiment.

» En passant entre deux îles ron-
» des, au sud de la baie orientale,
» nous crûmes être appelés par une
» voix ; on cessa de ramer : nous prê-
» tames une oreille attentive, mais
» nous n'entendîmes plus rien. Très-
» probablement M. Rowe et tous

» ses camarades furent massacrés
» sur-le-champ. »

Voici les noms des infortunées
victimes de ce désastre : M. Rowe,
M. Wood-house, François Mur-
phy, quartier-maître ; Guillaume-
Facey, Thomas-Hill, Michel Bell,
Edouard Jones , John Cavenaugh,
Thomas Milton, et Jacques Sevilley, valet du capitaine. La plupart
de ces matelots étoient les meilleurs
de notre équipage , robustes, et
jouissant d'une excellente santé. M.
Burney nous rapporta à bord deux
mains, l'une de M. Rowe, on la
reconnut à une cicatrice fort remarquable; l'autre de Thomas Hill,
dont il a été déjà fait mention, et
la tête de Jacques Sevilley. On en-
veloppa ces dépouilles dans un ha-

mac, et on les jeta à la mer avec du lest en quantité suffisante, pour qu'elles allassent au fond. M. Burney ne retrouva pas d'armes, mais seulement des lambeaux d'une paire de culottes, un habit, et six souliers.

Je ne présume pas que ce massacre ait été produit par un dessein prémédité de la part des naturels. M. Rowe, le matin de son départ, rencontra deux pirogues qui vinrent aux côtés du bâtiment, et y restèrent la moitié de la journée. Il faut que le carnage ait été provoqué par une rixe subite. Peut-être aussi nos gens ne s'étant pas bien tenus sur leurs gardes, les Indiens auront profité de l'occasion. Ce qui enhardit les Zélandais après la première explosion de nos armes-à-feu, c'est qu'ils reconnurent qu'un fusil n'étoit pas infaillible, qu'il ratoit quelquefois, et qu'après avoir tiré le premier coup, il falloit le charger une seconde fois, afin de pouvoir s'en servir. Sans doute ils surent tirer parti de ces momens d'intervalles.

Nous fûmes retenus dans le canal quatre jours après cet évènement cruel, et, pendant tout cet espace de temps, nous n'apperçûmes aucun des indigènes. Je remarquerai une particularité digne d'attention : j'avois plusieurs fois remonté la même anse avec le capitaine Cook, sans découvrir la plus légère trace d'habitans, si ce n'est des bicoques, qui sembloient abandonnées depuis plusieurs années. Néanmoins, M. Bur-

H 3

ney, étant entré dans l'anse, estima
qu'il s'y trouvoit 1500 ou 2000 Indiens, qui n'eussent pas manqué de
l'attaquer, s'ils eussent été prévenus
de son arrivée. D'après ces consi-
dérations, je jugeai qu'il seroit contre la prudence d'y renvoyer une
seconde chaloupe, car il n'y avoit
pas la moindre vraisemblance que
ni M. Rowe ni aucun de ses compagnons existassent encore.

On leva l'ancre le 23 décembre,
et nous louvoyâmes deux ou trois
jours sur la côte; ensuite nous vo-
guâmes au sud-sud-est, par les 56
degrés de latitude, sans qu'il nous
arrivât rien d'extraordinaire. Le
mauvais temps et l'avarie de nos
provisions me déterminèrent à retourner au cap de Bonne-Espérance,

en suivant les parages du cap de la Circoncision. Dès que nous fûmes à l'est du cap Horn, le temps devint encore plus affreux. Pendant plusieurs jours nous ne pûmes faire aucune observation, ni même jouir de la lumière du soleil; durant un mois tout entier, nous fûmes environnés d'îles de glaces, au milieu desquelles il ne nous étoit possible de nous avancer, qu'en prenant les plus rigoureuses précautions.

Arrivé au parallèle où les cartes placent la prétendue terre de Bouvet, je la cherchai, mais en vain. Il est plus que probable que le navigateur français n'a vu que de la glace. Plus d'une fois nous fûmes dupes de semblables illusions; mais nous finîmes toujours par reconnoître que c'étoient des glaçons d'un volume immense. Le temps épais et brumeux, par lequel naviguoit M. Bouvet, rend sa méprise excusable.

Le 17 mars 1774, nous découvrimes les environs du cap de Bonne-Espérance ; et, le 19, je jetai l'ancre dans la baie de la Table. Nous nous y trouvâmes avec le commodore sir Edouard Hughes, à la tête des vaisseaux du roi, le Salisbury et le Cheval Marin. Je saluai le commodore de treize coups ; j'en tirai un nombre égal comme à l'ordinaire. Sir Edouard me rendit le salut avec treize coups de moins, suivant l'usage : la garnison nous rendit les treize coups.

Le 14 du même mois, sir Edouard

Hughes appareilla pour sa destination, qui étoit les Indes Orientales. Quant à moi, je relâchai au cap jusqu'au 16 avril, pour y radouber mon vaisseau, et me procurer des rafraîchissemens. Je partis alors pour l'Angleterre, et mouillai, le 14 juillet, dans la rade de Spithéad.

CHAPITRE XXVII.

Dernière retraite au cap de Bonne-Espérance. — Notice de quelques découvertes faites par les Français. — Arrivée de la Résolution à Sainte-Hélène.

J'AI suspendu mon récit, pour y y placer l'intéressante narration du capitaine Furneaux; je vais en reprendre le fil.

Le 22 mars 1775, lendemain de mon arrivée au Cap, je me rendis à terre, et j'allai présenter mes civilités au baron de Plettenberg, gouverneur de la colonie, ainsi qu'aux principaux officiers qui nous firent le meilleur accueil. Il y a peu de pays où l'on soit plus obligeant envers les étrangers, et où il se trouve autant de rafraîchissemens. Nous y goutâmes donc quelque repos après les fatigues d'un voyage de long cours.

Les excellens traitemens que reçoivent les étrangers au Cap, la nécessité d'y respirer l'air de terre, a introduit dans cette relâche une coutume qui n'est connue dans aucune autre, ou du moins il s'en faut de beaucoup qu'elle y soit aussi re-

ligieusement observée. Tous les officiers qui ne sont pas absolument
indispensables pour le service du
bâtiment, vont résider à terre.
Nous nous conformâmes comme les
autres à cette coutume. Les deux
Forster, M. Sparmann et moi, nous
prîmes un logement chez M. Brandt,
dont la maison est en grande répu-
tation parmi les Anglais.

Le temps étoit d'une chaleur
telle, que nous ne nous souvenions
pas d'en avoir éprouvé une semblable dans tout le cours de l'expédition. Comme il n'eût pas été sans
danger de nous livrer à notre appétit, nous eûmes soin de ne pas manger beaucoup. L'évènement prouva
combien cette précaution étoit salutaire; car plusieurs officiers, ayant

mangé d'abord avec trop de vora-
cité, perdirent bientôt tout appétit,
et se trouvèrent fort incommodés.

Nous eûmes dans ce même lieu
un bonheur inexprimable, celui de
recevoir des nouvelles de nos amis
d'Angleterre. La conversation des
Européens excitoit en nous comme
une nouvelle vie. On nous instruisit
également des évènemens mémora-
bles qui s'étoient passés en Europe
pendant notre absence; la révolution
du gouvernement de Suède, opérée
par un jeune prince; les prodiges
d'une nouvelle Sémiramis, qui ache-
voit de policer l'empire de Russie, et
qui insultoit à la fierté ottomane; le
partage de la Pologne, exécuté par
trois grandes puissances; et quelques
autres incidens moins considérables,

bles, mais qui, présentés tous à la fois à notre imagination, sembloient tenir du merveilleux.

L'établissement du Cap est fréquenté, en été et en automne, par les vaisseaux de toutes les nations; mais il paroissoit alors beaucoup plus florissant qu'à l'époque de notre première relâche, dans l'année 1772.

Mon premier soin fut de me procurer du biscuit nouveau, de la viande fraîche, des légumes et du vin, pour ceux que leur devoir contraignoit de rester à bord. La bonne qualité des provisions fit que chacun recouvra bientôt ses forces. Nous n'avions que trois malades qu'il fallut envoyer à terre; je les mis en pension à raison de 30 *sty-*

vers ou 3 livres par jour. Il fallut
s'occuper ensuite des réparations
urgentes, dont le bâtiment ne pouvoit se passer. Je reçus du gouverneur la permission de dresser à terre
une tente, où l'on porta les voiles,
les futailles, et les autres ustensiles
qui avoient besoin de réparation.
Les agrêts étoient en si mauvais
état, qu'il fallut en renouveler la
plus grande partie, et les acheter à
un prix exorbitant. Le gros béné-
fice que les Hollandais de cette
place, à l'instar de ceux de Batavia,
font sur les munitions navales qu'ils
vendent aux Européens, est véri-
tablement usuraire et scandaleux.

Ce délâbrement de nos agrêts
n'aura rien de surprenant, si l'on
réfléchit que l'immense traversée

que nous avions faite, à partir seulement du Cap, jusqu'à notre retour, comprenoit un espace d'environ vingt mille lieues, c'est-à-dire à-peu-près trois fois la circonférence du globe. Je crois qu'il seroit difficile de citer un autre vaisseau, qui, dans le même laps de temps, ait parcouru autant de chemin. Et cependant je dois dire que, dans tout le cours de cette expédition, aucune des mâtures ou des vergues ne se brisa, graces à l'habileté et à la surveillance active de nos officiers, ainsi qu'à la bonne qualité du vaisseau.

Parmi les bâtimens français, mouillés dans cette baie, se trouvoit l'Ajax, vaisseau de l'Inde, expédié pour Pondichéry, sous les ordres de M. Crozet. Ce capitaine avoit été lieutenant du capitaine Marion, qui sortit du Cap, en mars 1772, avec deux vaisseaux, ainsi que je l'ai rapporté dans le cours de ma narration (1). J'ai parlé également du massacre du capitaine Marion, et d'une trentaine de ses compagnons de voyage, dans la baie des îles. M. Crozet, qui prit après lui le commandement des deux navires, revint à l'île Maurice par les îles Philippines.

C'est un homme de talent qui paroît pénétré du véritable esprit des découvertes. Il a bien voulu me communiquer une carte où sont tracées les terres reconnues par lui

(1) Voyez le tome II de ce Voyage.

et par M. Kerguelen : elles y sont exactement marquées dans la position où nous les avons cherchées. Je ne puis concevoir comment l'Aventure et la Résolution ne les ont pas rencontrées.

Indépendamment de la terre en question, que M. Crozet assure être une île longue, mais fort étroite, M. Marion en a encore découvert d'autres par les 48^d de latitude australe.

On voit, par la carte de M. Crozet, qu'un autre capitaine français, nommé M. de Surville, a fait, en 1765, un voyage dans la mer Pacifique du sud. Il avoit reçu la permission d'aller trafiquer sur la côte du Pérou, à condition qu'il entreprendroit des découvertes. Il

prit sa cargaison dans divers ports des Indes Orientales; il passa par les Philippines et dans le voisinage de la nouvelle Bretagne; il découvrit, par 10^d de latitude australe et 158^d de longitude orientale, des terres auxquelles il donna son nom ; puis, gouvernant au sud, il passa à peu de degrés à l'ouest de la nouvelle Calédonie, toucha l'extrémité septentrionale de la nouvelle Zélande, et relâcha dans la baie Douteuse.

Il paroît qu'il y étoit mouillé, lorsque je naviguai dans ces parages, lors de mon premier voyage sur l'Endeavour.

A son départ de la nouvelle Zélande, M. de Surville se dirigea à l'est, entre 35 et 41 degrés de latitude, jusqu'à la côte d'Amérique. Au moment de débarquer au port Callao, il eut le malheur de s'y noyer.

Les voyages des Français, bien qu'ils n'aient été entrepris que par de simples particuliers travaillant pour leur compte, n'ont pas laissé de répandre des lumières sur la mer du sud. Celui de M. de Surville, par exemple, détruit une erreur que j'avois commise, en supposant que les brisans que j'avois remarqués en travers de la côte occidentale de la nouvelle Calédonie, s'étendent à l'ouest jusqu'à l'extrémité de la nouvelle Hollande. Il démontre qu'il y a une mer libre et ouverte dans cet intervalle, et que la terre que nous voyions étoit l'extrémité

nord-ouest de la nouvelle Calédonie.

M. Crozet nous apprit encore que
le vaisseau espagnol, arrivé à Ota-
hiti avant notre première relâche,
et dont nous avoient tant parlé les
naturels, étoit parti de la nouvelle
Espagne, et qu'à son retour il avoit
découvert quelques îles par 32^d de
latitude australe, et sous le 130^e
méridien à l'ouest. Cette carte in-
dique d'autres îles dont on attribue
la découverte à des navigateurs espagnols; mais M. Crozet paroissoit
croire qu'on les y avoit insérées
sans autorité suffisante.

Pendant notre séjour au Cap,
nous fîmes une promenade à False-
Bay. L'extrême chaleur avoit presque par-tout desséché la verdure

d'une foule d'arbrisseaux et de plantes qui y croissent. Il y en avoit cependant un grand nombre en fleurs,
et nos botanistes ne manquèrent pas
d'en enrichir leurs herbiers. Les chemins de ce district sont détestables.
La plupart du temps on marche
sur le sable; il faut quelquefois fran-
chir des monceaux de gros cailloux.

Nous apperçûmes sur la route
beaucoup de corvées d'une espèce
de perdrix à laquelle les Hollandais ont mal-à-propos donné le nom
de faisans. Ces volatiles ne sont
rien moins que sauvages. Il est facile de les prendre vivantes et de
les apprivoiser. Comme il y a dans
les environs du Cap plusieurs endroits où les perdrix évitent constamment de faire leurs nids, les Hol-

landais ont trouvé un singulier ex-
pédient pour les forcer de s'y fixer.
Ils prennent plusieurs couples de
perdrix apprivoisées. Après les avoir
plongées dans l'eau et poudrées de
cendres, ils les déposent au milieu
des buissons en leur repliant la tête
sous les ailes. Il n'en faut pas davantage pour que ces volatiles n'a-
bandonnent pas le lieu où on les a
ainsi déposés. Quelques lecteurs ré-
voqueront peut-être en doute l'ef-
ficacité du procédé ; mais plusieurs
personnes dignes de foi ont assuré
à M. Forster qu'on l'employoit avec
le plus grand succès.

Les environs de False-Bay sont
infiniment plus sauvages que ceux
de la baie de la Table. Le pays est
à peu de chose près désert, si l'on

on excepte la maison du commandant, deux ou trois autres habitations particulières, des magasins et
des ateliers qui appartiennent à la
compagnie hollandaise. Toutefois
l'aspect des montagnes y est moins
aride. On y recueille une quantité
prodigieuse de plantes de toute espèce. Un grand nombre d'oiseaux
peuplent cette solitude. On y ren-
contre encore de nombreuses troupes d'antilopes et de gazelles; les
unes habitent des rochers inaccessibles; d'autres résident au milieu
des broussailles sur un terrain plus
uni.

Nous apperçûmes, au haut des
collines, des roches pendantes au-
dessus de nos têtes. Elles formoient
de petites cavernes, où les Hollan-

dais passent quelquefois la nuit,
quand ils vont à la chasse des gazelles.

Après avoir séjourné trois jours à
False-Bay, nous revînmes à la ville
du Cap. Nous examinâmes la ménagerie qu'entretient la compagnie;
nous visitâmes tous les magasins
de pelleteries, afin de nous y procurer un assortiment complet de
peaux de gazelles. Nous y avons
vu un orang-outang en vie. Cet animal venoit de Java. Il n'avoit que
2 pieds 6 pouces de hauteur, et se
traînoit constamment à quatre pat-
tes, quoiqu'il eût la faculté de se tenir assis, et de se dresser sur ses jambes de derrière. Ses doigts des mains
et des pieds étoient d'une excessive
longueur; en revanche il avoit les
pouces

pouces très-courts. Son ventre étoit proéminent, et sa face hideuse. Son nez avoit plus de rapport avec celui d'un homme, qu'avec le nez des autres singes.

C'est le même orang-outang qui a été amené à la Haie, dans la ménagerie du prince d'Orange. Il y est mort, en janvier 1777, par la malice encore plus que par l'ignorance de celui qui étoit commis à sa garde. Ce méchant homme ne voulût pas même laisser aux anatomistes hollandais la satisfaction de disséquer un orang-outang : il lui coupa la tête pour les empêcher d'examiner le mécanisme de l'organe de la voix ; il lui abattit de plus les pieds et les mains, afin qu'ils ne pussent pas en comparer les phalanges avec les doigts de la main humaine, ni avec d'autres sque-lettes.

Tandis que nous étions mouillés dans la baie de la Table, il en sortit ou il y entra un grand nombre de vaisseaux de l'Inde. J'en vis d'An-glais, de Français, de Suédois, de Danois; j'y remarquai trois frégates espagnoles, dont l'une faisoit voile pour Manille, et l'autre en étoit de retour. Ce n'est que depuis peu que les bâtimens espagnols relâ-chent ici; ceux-ci furent les premiers qui profitèrent des privilèges que les Provinces-Unies accordent aux vais-seaux de leurs amis et de leurs alliés. Toutes les munitions s'étant trouvées embarquées le 26 mars, nous prîmes congé du gouverneur et de ses principaux officiers, et, le lendemain 27, nous retournâmes à bord.

Nous laissâmes au cap le docteur Sparmann, qui avoit consenti à partager les périls et les fatigues de notre voyage, et qui, par l'amabilité de son caractère, s'étoit mérité la confiance de tous ceux qui avoient eu le bonheur de le connoître. Il ne s'arrêta pas au cap, il fit dans l'intérieur de l'Afrique une expédition qui dura une année entière; il a pénétré plus loin que le docteur Thumberg et tous les naturalistes qui l'avoient précédé. Il revint en Suède, sa patrie, au mois de juillet 1775.

Dès que nous fûmes sous voile, je saluai la garnison de treize coups

de canon, et à l'instant on me répondit par un égal nombre de coups.
Je me dirigeai vers Sainte-Hélène,
et je fus accompagné du navire anglais le Dutton.

Nous traversâmes la partie septentrionale de la baie entre l'île
des Pingouins et la côte de la Terre-
Ferme. Cette dernière île est un
coin de terre stérile et sablonneuse,
où la compagnie des Indes Hol-
landaises relègue les assassins et
les autres criminels. Mais ce lieu
d'exil a vu aussi d'innocentes victimes de l'avarice et de l'ambition
des Hollandais. On peut citer le
roi de Maduré, que ses oppresseurs
ne se contentèrent pas de dépouiller
de ses états, et de réduire à la plus
affreuse misère. Ils le jettèrent

dans un cachot, où il ne tarda
pas à terminer sa douloureuse car-
rière (1).

Le 1er mai, on découvrit un homme qui se tenoit caché dans la cale.
Un des quartier-maîtres, à qui il
avoit confié son secret, l'y avoit mis
quelques jours auparavant, et l'a-
voit nourri sur sa ration. Cette action
étoit généreuse, mais ne suffisoit,
pas pour excuser une faute contre la
discipline. On lui infligea, ainsi
qu'à l'inconnu, douze coups de
fouet.

(1) Voyez l'ouvrage anglais intitulé:
Voyage fait aux Indes Orientales en
1747 et 1748, contenant une description
de Sainte-Hélène, de Java, Batavia, du
gouvernement hollandais dans les Indes,
et de la Chine. A Londres, in-8°, 1762.

Le pauvre diable étoit Hanovrien de naissance, et on l'avoit enlevé de force pour le service de la compagnie anglaise. Avant que nous missions à la voile, il m'avoit supplié de le prendre sous ma protection ; mais, ne voulant pas favoriser un déserteur, je m'étois montré inflexible. Persistant dans son dessein, il se glissa furtivement sur notre bord, afin de se soustraire à un service qui lui répugnoit. Au surplus, comme il n'étoit plus temps de le renvoyer, je fus obligé de le garder; et j'eus tout lieu d'être satisfait de son activité et de son zèle.

Le 15 mai, à la pointe du jour, nous découvrîmes l'île Sainte-Hélène, à 14 lieues de distance. A minuit, nous mouillâmes dans la rade qui fait face à la ville. Le lendemain, au lever du soleil, le château de la place et le navire le Dutton nous saluèrent chacun de treize coups de canon ; le salut fut réitéré par le château, au moment où je débarquai. La Résolution rendit ces saluts.

M. Skettowe, le gouverneur, et les principaux habitans de l'île, m'accueillirent et me traitèrent avec une politesse infinie. Ils me rendirent tous les services qui étoient en leur pouvoir.

La ville est enfermée des deux côtés par une haute montagne qui, au premier aspect, semble plus sauvage et plus stérile que l'île de Pâques ; mais bientôt, au fond de la vallée, nous apperçûmes des collines verdoyantes.

On a construit, sur les bords de la mer, des escaliers pour faciliter le débarquement. Rien n'est plus nécessaire, tant la houle se brise avec violence sur toutes les parties de la côte. Il y a plusieurs portes armées de ponts-levis, et une forte batterie, laquelle fait face à l'esplanade ornée d'une superbe promenade de bananiers.

La maison du gouverneur est distribuée en plusieurs appartemens spacieux et commodes, que leur élévation rend sur-tout agréables dans un pays aussi chaud. Derrière cette maison est un petit jardin, avec plusieurs promenades couvertes. On y remarque plusieurs arbres curieux des Indes, et notamment le *barringtonia*. Les baraques de la garnison anglaise sont situées plus loin, au fond de la vallée. On voit, dans cette même vallée, plusieurs autres édifices; mais, en dépit de la brise de mer, la chaleur y est ex-cessive.

La plupart des habitans les plus riches s'empressent d'ouvrir leurs maisons aux étrangers qui descendent à terre. Le prix de la pension diffère peu de celui du cap.

Le lendemain de notre arrivée, M. Stuart, jeune volontaire du Dutton, M. Forster fils, et moi, allâmes faire une promenade sur la colline de l'ouest, que l'on appelle colline de l'Echelle. On y a récemment pratiqué un chemin qui monte en serpentant sur les flancs escarpés de la montagne; sa largeur est de neuf pieds. Il est enfermé par un mur de trois pieds de haut, dont la pierre a été tirée de la montagne. C'est un amas de laves qui, en quelques endroits, est friable, et se convertit en terre brune ; dans plusieurs autres, elle forme d'énormes masses de matière noire, qui paroît avoir subi un léger commencement de vitrification.

Plusieurs rochers de ce genre sont suspendus au-dessus des chemins. Les chèvres, en y grimpant pour brouter les arbrisseaux, en détachent par fois des blocs d'un gros volume, dont la chute alarme les habitans. Pour prévenir de tels accidens, les soldats de la garnison ont ordre de tirer sur ces animaux dès qu'ils en apperçoivent sur les hauteurs ; et ils n'y manquent guère, parce qu'ordinairement, pour les récompenser, on leur donne la chèvre qu'ils ont tuée.

Nous jouîmes tout-à-coup, sur une éminence, du plus agréable point de vue: Plusieurs mondrains, terminés en pointe, couverts d'une riche verdure, entrecoupés de vallées fertiles, de jardins, de vergers, et de magnifiques pâturages, offroient une variété admirable. Chaque vallée étoit arrosée par un petit ruisseau. Deux montagnes, situées au milieu de l'île, et continuellement entourées de nuages, semblent être les réservoirs d'où s'échappent tous les courans d'eau.

Nous examinâmes aussi la baie

sablonneuse, petite crique sur la partie opposée de l'île, et défendue par une batterie. Le coup-d'œil en étoit également pittoresque; les hauteurs étoient revêtues, depuis leur base jusqu'à leur sommet, de bois touffus et sauvages. Celle qu'on nomme le pic de Diane présente les formes les plus élégantes. Les rochers et les pierres, dans cette partie qui est la plus élevée de toute l'île Sainte-Hélène, diffèrent absolument, par leur aspect et leur nature, de ceux des vallées. Dans les fonds, les pierres attestent les traces d'anciens volcans ; ici, elles sont d'une substance argilleuse, d'un gris foncé, disposées en couches ; tantôt ce sont des bancs de pierre à chaux, tantôt c'est une pierre molle onctueuse,

tueuse, et semblable à la pierre dite de savon.

Au-dessus de ces couches est ordinairement un terreau fertile de six à dix pouces de profondeur; il y croît une grande variété de plantes. M. Forster découvrit, dans cette excursion, des arbrisseaux que nous n'avions vus dans aucune autre région du globe. Je citerai, entre autres, ceux que les habitans appellent arbre-à-choux, arbre à gomme, et bois rouge. Les premiers croissent de préférence sur un sol humide; mais le bois rouge se trouve toujours sur la croupe aride des montagnes.

L'arbre-à-choux semble avoir été ainsi nommé sans motifs raisonnables; car il ne sert que pour le chauffage. Il ne faut pas le confondre

avec le choux palmiste des Antilles,
de l'Inde, et des îles de la mer du
sud.

Pendant notre promenade, nous
fûmes surpris par la pluie, et trem-
pés jusqu'aux os ; mais, en quelques
minutes, la chaleur du soleil eut
bientôt séché nos vêtemens. Nous
arrêtions tous les esclaves qui se
rencontroient sur notre chemin, et
nous les questionnions sur l'espèce
de bons ou mauvais traitemens que
leurs maîtres exerçoient envers eux.
En général, leurs réponses étoient à
l'avantage des colons. Il est vrai
qu'un certain nombre d'entre eux
se plaignit du peu de nourriture
qu'on leur accorde ; mais cela provient moins de la mauvaise volonté
des maîtres, que de la disette de

comestibles. Les maîtres souffrent eux-mêmes de cette pénurie ; et, en certaines saisons, ils sont forcés de manger des viandes salées.

La condition des soldats paroît plus pénible encore : on ne leur donne jamais que des salaisons, et en petite quantité. Leur paie est d'ailleurs fort modique. Ceux qui sont laborieux obtiennent par fois la permission d'aller travailler chez les habitans ; ils gagnent quelque peu d'argent à transporter le bois de chauffage des montagnes à la ville. Nous avons vu des vieillards se li-vrer à ce genre d'occupation, et pa-roître y prendre goût ; mais si on les interrogeoit sur leurs peines, ils ne répondoient pas sans émotion. Au reste, ils parlèrent du gouver-

neur avec tous les témoignages possibles d'affection et de reconnois-
sance.

Pour retourner à la ville, nous
descendîmes la colline opposée à
celle par laquelle nous étions venus.

Les habitans de Sainte-Hélène
tirent leurs chevaux principalement
du cap de Bonne-Espérance : on en
nourrit fort peu dans l'île. Ces animaux sont petits, mais ont le pied
sûr; et c'est ce qu'il faut dans une
contrée montueuse.

Le 18, après déjeûner, le gouverneur rassembla, dans sa maison
de campagne, les principaux officiers et passagers de la Résolution
et du Dutton. Cette habitation est
joliment située à une lieue de la
ville, au milieu d'un vaste jardin,

où nous vîmes diverses plantes d'Europe, d'Afrique, et d'Amérique,
notamment des roses, des lys, des
myrtes, et des lauriers en abondance. De longues allées de pêchers
étoient chargées de fruits, dont la
saveur étoit exquise, mais différoit
un peu de celle de nos pêches (1).
Tous les autres arbres fruitiers
d'Europe n'y prospèrent point; on
assure même qu'ils n'y portent jamais de fruit. On a également essayé,
à plusieurs reprises, d'y introduire
la culture de la vigne; mais le climat
y a été contraire. Les chenilles dé-
vorent les choux et les autres plantes potagères, qui, sans cela, vien-

(1) C'est-à-dire des pêches d'Angleterre. (*Note du traducteur.*)

droient très-bien. En parcourant les
collines des environs, nous apperçûmes de petits champs d'orge;
mais ces grains, ainsi que toutes les
autres sortes de blé, deviennent
communément la proie des rats qui
infestent toute l'île. On n'a donc eu
d'autre ressource, pour tirer parti
du territoire, que de le laisser en
pâturages, dont la verdure et la fraî-
cheur étoient sans exemple sous les
Tropiques.

On assure que cette île peut nourrir trois mille têtes de bétail, mais
qu'on n'en compte que deux mille
six cents. La multitude de landes
incultes que nous avons vues por-
teroit à croire que l'on pourroit y
établir des pâturages pour des trou-
peaux encore plus nombreux; mais

on prétend que l'herbe ne repousse pas pendant l'hiver, et qu'il faut réserver certains districts pour cette saison de l'année.

Le bœuf y est succulent, délicat, et fort gras. La grande consommation qui se fait de viande de boucherie ne permet pas au bétail de vieillir.

On a naturalisé ici le genêt épineux vulgaire, (*aulex europæus*) que les fermiers anglais s'empressent si fort d'arracher. En Europe, les cultivateurs regardent cette plante comme parasite, et même comme pernicieuse; mais elle a été fort utile à Sainte-Hélène, en retenant quelque humidité dans un sol brûlé jadis par une chaleur excessive. L'herbe qui auparavant étoit ridée et desséchée, dès qu'elle sortoit de terre,

croît aisément à l'ombre de ces sous-
arbrisseaux; bientôt elle revêt tout
le pays de gazon, et, dès qu'elle a
pris assez de force, le secours du
genêt épineux devient inutile; alors
les habitans le déracinent et le
brûlent.

Le bois de chauffage est d'une ra-
reté excessive à Sainte-Hélène; aussi
ne l'emploie-t-on qu'avec une par-
cimonie égale à celle qu'affectent les
habitans du cap. On fait cuire différens mets avec tout aussi peu de
feu qu'il en faut en Angleterre
pour faire bouillir une théière.

A notre retour, nous remarquâ-
mes diverses couvées de perdrix aux
jambes rouges, de la petite espèce;
c'est celle que l'on voit sur la côte
d'Afrique. Le gouverneur a natura-

lisé, dans l'île, les faisans à anneaux, les coqs d'Inde, et les lapins. On a pris les plus grandes précautions pour favoriser la propagation des faisans. Il y a une amende de cinq livres sterling (cent quinze à cent vingt francs) contre ceux qui se permettent de les tirer; aussi ils se multiplient avec une rapidité qui rendra bientôt la défense inutile.

M. Forster pense qu'on devroit introduire ici la culture des trèfles, des haricots de Chine, (dolichos sinensis) du *phaseolus mungo*, dont on fait le sagou dans l'Amérique septentrionale. Il pense qu'avec un peu de soin et de persévérance, on pourroit anéantir les rats et les chenilles qui détruisent la plupart des végétaux utiles, et semblent être le principal obstacle à l'avancement de l'agriculture. Il voudroit encore qu'on y transportât des ânes du Sénégal, où, suivant M. Adanson, il y en a de très-beaux. Les cantons insuffisans pour la nourriture du bétail conviendroient fort à ces quadrupèdes, qui ne se montrent pas difficiles sur le choix des alimens.

Le lendemain 15 mai, nous allâmes à une autre maison de campagne, qui appartient à M. Mason. Elle est située à quatre ou cinq milles de la ville. Nous fîmes un détour pour nous y rendre ; nous étions curieux de passer sur une haute montagne, voisine du pic de Diane, où nous cueillîmes, en dépit d'une forte pluie, diverses plantes rares.

Nous apperçûmes une petite espèce de tourterelle blanche, qu'on dit originaire du pays, ainsi que la perdrix rouge : nous vîmes aussi des becs-croisés de rizières (*loxia oryzyvora*).

M. Forster s'écarta d'un quart de mille, pour examiner une petite ferme où l'on a relégué deux brames, accusés d'avoir voulu, dans l'Inde, agir contre les intérêts de la compagnie. La différence de traitement, dont les Anglais et les Hollandais usent envers leurs captifs, est remarquable. Ceux-ci ont enfermé le malheureux roi de Maduré dans un cachot, sur l'île Robin, tandis que les brames, détenus à Sainte-Hélène, ont l'île entière pour prison. On leur a donné la jouissance d'une maison, d'un grand jardin; ils ont plusieurs esclaves pour les servir.

M. Graham, passager du Dutton, donna, le soir, un bal à la ville. Les femmes qui le composoient étoient belles, et d'une extrême élégance; l'esprit, l'enjouement, et les graces, embellissoient leur conversation. Elles assistèrent, le lendemain, à un second bal; et, quoiqu'elles n'eussent guère eu le temps de se reposer, elles ne paroissoient pas du tout fatiguées.

Il se trouvoit tant de dames dans l'une et l'autre réunion, qu'elles ne pouvoient pas avoir assez de cavaliers, bien que plusieurs hommes des deux vaisseaux y fussent. On nous assura, à cette occasion, qu'il naît, à Sainte-Hélène, beaucoup plus

plus de filles que d'enfans mâles : on a fait la même observation au cap de Bonne-Espérance. Il seroit intéressant de déterminer si pareille chose arrive toujours dans les climats chauds ; on pourroit alors en tirer des conséquences relativement aux mœurs des diverses nations. Au reste, ces proportions ne sont pas encore bien fixées, même en quelques parties de l'Europe. Par-tout où on les observe, on en tire des résultats curieux. En France et en Angleterre, le nombre des garçons surpasse celui des filles ; mais, en Suède, c'est tout le contraire.

La population de l'île Sainte-Hélène est de vingt mille habitans au plus, y compris cinq cents soldats et six cents esclaves. Cette

terre a environ huit milles (près de
trois lieues) dans sa plus grande
longueur, et vingt milles (ou sept
lieues) de circuit. Les vaisseaux de
l'Inde, qui y viennent chercher des
rafraîchissemens, laissent en retour
diverses marchandises manufactu-
rées; et la compagnie ordonne annuellement à un ou deux bâtimens
d'y porter, en allant dans l'Inde, les
marchandises européennes et les
comestibles dont les habitans ont
besoin. La plupart des esclaves sont
employés à la pêche; elle y est fort
abondante. La vie des insulaires paroît fortunée. Ils sont exempts de
ces soins, de cette inquiétude, qui
tourmentent les Européens.

Quand on considère ce qu'est aujourd'hui Sainte-Hélène, et qu'en

même temps on réfléchit à ce qu'elle a été, on n'est pas disposé à accuser les colons de manquer d'industrie ; mais ils auroient peut-être déployé de plus grands efforts, s'ils s'étoient attachés à planter en blé, en légumes, en racines, les terres qu'on laisse en pâturages. Il est probable qu'une telle amélioration n'aura pas lieu, tant que la majeure partie des domaines sera entre les mains de la compagnie et de ses employés. Si cette île n'est pas cultivée par des habitans industrieux, jamais elle ne sera florissante, jamais elle ne pourra fournir aux navigateurs tous les rafraîchissemens dont ils ont besoin.

On y a construit, depuis trois ans,

une nouvelle église, et l'on s'occupe d'élever d'autres bâtimens.

Durant notre relâche, nous fîmes au vaisseau quelques réparations urgentes, qu'il n'avoit pas été possible de faire au cap, et nous remplîmes nos futailles vides. L'équipage reçut du bœuf frais, dont la livre fut payée dix sous de France. Cette viande y est très-bonne; c'est presque la seule provision que les marins puissent y trouver.

D'après une série d'observations faites à la ville du Cap, par MM. Mason et Dison, et au fort James, à Sainte-Hélène, par M. Maskelyne, astronome royal, la différence de longitude entre les deux places est de 24^d $12'$ $15''$. Les observations de lune faites par M. Walles, à

l'aide de la montre marine, donnoient en quelque sorte un terme
moyen de cette différence. Cela
prouve jusqu'à quel point on peut
approcher, en mer, de la véritable
longitude, avec une bonne montre.

CHAPITRE XXVIII.

Traversée de Sainte-Hélène aux îles de
l'ouest.—Description des îles de l'Ascension et de Fernando Norolia.

JE pris, dans la soirée du 21 mai,
congé du gouverneur, et me rendis
à bord. Le fort me salua d'abord de
treize coups de canon; et, lorsque
je fus sous voile, de concert avec le

Dutton, il fit une nouvelle salve. J'eus soin de rendre ces deux saluts.

Après notre départ de Sainte-Hélène, le Dutton eut ordre de se diriger vers le nord-ouest, afin de ne pas atterrir à l'île de l'Ascension. Cette prohibition a pour cause un commerce d'interlope qui se faisoit entre les vaisseaux de la compagnie des Indes, et quelques bâtimens de l'Amérique septentrionale qui fréquentoient dernièrement cette île, sous prétexte d'y pêcher des baleines ou des tortues ; mais leur véritable motif étoit d'attendre au passage les vaisseaux de la compagnie, et d'en acheter quelques marchandises.

Je ne marchai donc de conserve avec le Dutton, que jusqu'au 24 du même mois ; je le quittai après avoir chargé son commandant d'un paquet pour l'amirauté. Je mis ensuite le cap sur l'Ascension.

Le 28 matin, j'eus connoissance de cette île, et le même soir je mouillai dans la *baie de la Croix* (*Cross-bay*), sur la côte nord-ouest, à un demi-mille du rivage, en face de la colline de la Croix, ainsi nommée à cause d'une croix qu'on y a dressée.

Nous restâmes là jusqu'au 31 mai ; notre pêche des tortues ne fut pas heureuse, quoique plusieurs détachemens s'en occupassent toutes les nuits ; mais la saison étoit trop avancée. Il est vrai qu'elles pesoient de quatre à cinq cents livres chacune ; ainsi notre sort n'étoit pas fort à plaindre. Il nous eût été facile de prendre un nombre infini de poissons, sur-tout de l'espèce appelée *vieilles femmes*. Jamais de ma vie je n'en ai vus autant. Des cavaliers, des anguilles, et une foule d'autres poissons s'offroient à l'envi à nos filets et à nos hameçons; mais nous n'en voulions qu'aux tortues. Les oiseaux aquatiques, tels que les frégates, les fous ou oiseaux du Tropique, etc., y sont en grand nombre.

L'Ascension fut découverte, en 1501, par l'amiral portugais Joao da Nova Galega, lequel la nomma *Isola-nossa senhora conciecao*. Le même navigateur, à son retour en Portugal, vers 1502, découvrit celle de Sainte-Hélène. L'Ascension fut

visitée, pour la seconde fois, en
1503, par don Alphonse d'Albu-
kerke, dans sa traversée aux Indes.
Il lui donna le nom sous lequel on
la connoît aujourd'hui; elle étoit,
dès cette époque, dans le même
état de désolation où on la voit de
nos jours.

Telle est la tristesse de son aspect,
qu'en cela elle ne le cède en rien à
la Terre de Feu ni à l'île de Pâques.
C'est un amoncèlement informe de
roches brisées. La plupart, autant
qu'il nous fut possible d'en juger,
en les appercevant du vaisseau, paroissoient avoir été altérées par les
feux volcaniques. Au centre de l'île,
on voit une haute montagne blanche; à l'aide de nos lunettes, nous
y découvrîmes de la verdure.

Le jour qui suivit notre arrivée, nous examinâmes la nature du sol dont l'île se compose. La grève est un sable fin, entremêlé de débris de coquillages, sec, et d'une blancheur si éclatante, que quand le soleil luit, il incommode les yeux. Nous gravîmes des éminences de pierre noire caverneuse, parfaitement semblable aux laves les plus communes du mont Vésuve et de l'Irlande. C'étoient des colonnes basaltiques, disposées avec tant d'ordre, qu'on eût dit que l'art avoit présidé à leur arrangement.

Les courans de lave ardente se refroidissant tour-à-tour, éprouvent un retrait qui occasionne ces crevasses.

Plusieurs des collines étoient de

forme conique ; la lave dont elles étoient composées paroissoit diffé-rente du reste.

En examinant cette singulière contrée, nous eûmes lieu de croire que la plaine où nous marchions étoit autrefois le cratère où le siège d'un volcan; les éminences coniques avoient sans doute été successive-ment formées par l'accumulation des cendres et des pierres-ponces. Enfin les courans de lave, divisés en prismes basaltiques, se sont vus enterrés peu à peu sous la cendre. Les eaux, versées dans la saison des pluies par les montagnes, ont insen-siblement applani la route et com-blé l'énorme cavité du cratère. Une multitude immense de frégates et de nigauds, occupés dans leurs nids, couvroient le hâvre. Les frégates, peu farouches, se laissoient aisément approcher : ces oiseaux ont au cou un sac ou appendice d'un rouge brillant, qu'elles peuvent gonfler et étendre de la largeur de la main d'un homme. Ce sac a quelque analogie avec la poche d'un pélican. Sur tous ces rochers nous ne trouvâmes pas plus de dix plantes sèches, de deux espèces seulement : une espèce d'euphorbe, et un liseron.

Le 30, nous fîmes un nouveau débarquement, et traversâmes la plaine. Nous arrivâmes à un courant de laves immense, entrecoupé de plusieurs canaux de vingt à vingt-quatre pieds de profondeur. Ces canaux avoient été évidemment faits par

par des torrens impétueux; mais ils étoient complètement secs, parce que le soleil échauffant, dans cette saison de l'année, l'hémisphère septentrional, on n'étoit pas dans la saison des pluies. Dans ces sillons, l'on remarquoit une légère couche d'une terre noire volcanique, mêlée de particules blanchâtres, et graveleuses au toucher. Dans ce sol aride croissoient de faibles touffes de pourpier, et un graminée, qui est le *panicum sanguineum*.

Pendant ces excursions, le soleil ne nous épargnoit pas. La chaleur extrême fit venir des boutons à notre visage; et la terre étoit si brûlante, que nos pieds en étoient incommodés.

L'île de l'Ascension a trois lieues

environ de longueur dans sa direction du nord-ouest au sud-est, et
deux lieues de large. L'aspect général qu'elle offre est un mélange de
collines et de vallées stériles, sur la
majeure partie desquelles on n'apperçoit pas un arbrisseau ou une
plante dans un espace d'une lieue
entière. Des pierres et du sable, ou
plutôt des scories et des cendres volcaniques, étoient la seule chose qui
s'offrit à la vue. C'est une preuve
certaine que cette île a été jadis
bouleversée par un volcan. On
trouve, çà et là, quelques endroits
où la surface est unie; mais dans
d'autres le sol est hérissé de pierres
pointues, sur lesquelles il n'est guère
moins dangereux de marcher que
sur des bouteilles cassées. Plusieurs

personnes de l'équipage s'y sont blessées, en faisant des faux pas.

Il existe, à l'extrémité sud-est de l'île, une haute montagne, qui semble avoir été respectée au milieu de ce bouleversement universel. Le terrain de cette montagne est une sorte de marne blanche, propre à la végétation, et sur laquelle croissent une espèce de pourpier, une épurge, et deux variétés de graminées, nommées par Linnée *lonchitis Ascensionis*, et *aristida Ascensionis*, parce qu'elles sont particulières à cette île. Ces végétaux servent de pâture aux chèvres et aux excellens crabes de terre, qui vivent à l'Ascension.

On assure que, dans ce canton de l'île, il y a de fort bonnes terres,

dont il est possible de tirer un grand
parti, et que quelques habitans y
ont déjà semé des *turneps* ou navets,
et d'autres plantes utiles. Le sommet de la montagne dont je viens
de parler se divise en deux collines;
dans la vallée intermédiaire coule
une belle source d'eau douce, indépendamment de celle qui se trouve
dans le creux des rochers, et qui
paroît y avoir été déposée par les
pluies; mais cette eau n'est pas assez abondante pour approvisionner
des vaisseaux : elle ne peut être utile
qu'à ceux qui voyagent dans l'intérieur du pays, ou qui ont le malheur de faire naufrage sur l'île. Il
n'y avoit pas long-temps qu'un accident de ce genre étoit arrivé; nous
avons vu, sur la côte nord-est, des

débris d'un bâtiment, qui pouvoit bien être du port de cent cinquante tonneaux.

Il est infiniment vraisemblable qu'avec un peu de peine on rendroit l'île de l'Ascension habitable. La culture du genêt épineux et de diverses autres plantes qui ne redoutent point l'ardeur du soleil produiroit bientôt des résultats aussi heureux qu'à Sainte-Hélène. Dès que le sol de l'île seroit couvert de quelque végétation, la chaleur du soleil ne feroit plus évaporer l'humidité que les montagnes pompent dans l'atmosphère : il se formeroit des ruisseaux, et bientôt toute l'île seroit pourvue d'eau douce.

Tandis que nous étions dans la rade, un sloop de soixante-dix ton-

neaux vint mouiller auprès de nous.
Il appartenoit à la colonie de New-
York, dans l'Amérique septentrionale, d'où il étoit parti au mois de
février, après avoir transporté, à la
côte de Guinée, une cargaison de
marchandises ; il venoit pêcher ici
des tortues, pour les conduire aux
Barbades. Telle est du moins l'histoire que me fit M. Grèves, le pa-
tron du bâtiment. Peut-être ne me
disoit-il qu'une partie de la vérité.
Il attendoit peut-être, dans cette
relâche, l'arrivée de quelques vaisseaux de l'Inde. Il étoit dans l'île
depuis une semaine environ, et y
avoit déjà pris une vingtaine de
tortues.

Un autre sloop des Bermudes
avoit fait voile peu de jours avant

notre arrivée, et emporté cent cinquante tortues. Les gens de l'équipage n'avoient pu en emmener un
plus grand nombre; mais ils en
avoient pris beaucoup d'autres, qu'ils
avoient retournées sur le sable.
Après les avoir éventrées pour en
arracher les œufs, ils avoient laissé
les cadavres pourrir. C'est commet-
tre, en pure perte, une action bar-
bare. Une partie des détails que je
viens de donner sur l'île de l'Ascension m'a été communiquée par
M. Grèves. C'étoit un homme de
beaucoup d'esprit, et il avoit parcouru l'île entière. Il mit à la voile
le même jour que nous.

On assure que les tortues fréquentent cette île depuis le mois de janvier jusqu'à celui de juin. Voici

quelle est la manière de les prendre:
Plusieurs personnes font sentinelle
en différens endroits de la grève, et
attendent qu'elles viennent déposer
leurs œufs dans le sable; elles n'ont
coutume de le faire que pendant la
nuit. Alors on les retourne sur le
dos, on les quitte pour guetter une
nouvelle proie; et, le lendemain, on
va les chercher: on est bien sûr de
les retrouver à la même place.

On nous recommandoit d'aller
plusieurs à la fois sur chaque point
de la côte favorable à la pêche, d'attendre tranquillement que la tortue
fût à terre, de nous lever ensuite,
et de la retourner subitement. C'est
peut-être le procédé le meilleur,
quand les tortues sont en grande
quantité; mais, quand il y en a peu,

il ne faut que trois ou quatre hommes pour la grève la plus étendue.

Il est certain que toutes les tortues qui fréquentent les côtes de cette île n'y viennent que pour déposer leurs œufs. Nous n'avons rencontré que des femelles; toutes celles que nous avons prises avoient l'estomac vide, preuve assurée qu'elles n'avoient point pris de nourriture depuis plusieurs jours. C'est sans doute pour cela que leur chair n'étoit pas aussi bonne que celle de quelques autres, dont j'ai mangé sur la côte de la nouvelle Galles du sud.

Le 31 mai, nous quittâmes l'Ascension, et gouvernâmes au nord. J'étois fort tenté de relâcher à Saint-Mathieu, pour en déterminer exac-

tement la position ; mais les vents
y mirent obstacle. Je fis donc voile
vers l'île Fernando de Noronha, sur
la côte du Brésil, afin d'en fixer la
longitude. J'aurois peut-être fait
une entreprise plus utile pour la
navigation, si j'avois été à la recherche de l'île de Saint-Paul, et
des bancs que l'on dit être voisins
de l'équateur, par 20 degrés de longitude occidentale. Leur existence,
ou du moins leur situation, n'est
pas bien certaine ; mais je ne vou-
lois point ajouter à la longueur de
notre voyage, en cherchant ce que
je n'étois pas sûr de rencontrer.

Le 9 juin, à midi, nous eûmes
en vue l'île Fernando de Noronha.
Elle offroit plusieurs collines iso-
lées et à pic, dont la plus grande

ressembloit à la tour ou au clocher d'une église. En nous approchant de la partie sud-est, nous vîmes plusieurs rochers couverts, séparés les uns des autres. J'arrivai auprès d'un groupe de petits îlots, sur l'un desquels est établie une forteresse imposante. Il y a, en outre, sur plusieurs points de la grande île, d'assez bonnes fortifications. Elles paroissent, au reste, jouir de tous les avantages possibles, tant de la nature que de l'art. Elles commandent à tous les mouillages, à toutes les places de débarquement. Je continuai à doubler la pointe septentrionale, jusqu'à ce que nous eûmes atteint la rade. Comme on tira un coup de canon de l'un des forts, j'arborai pavillon portu-

gais, et tous les autres forts en firent
autant.

J'avois rempli mon objet, en reconnoissant cette île ; et, n'ayant
nul besoin d'y séjourner, je remis
au large.

Ulloa rapporte que cette île a
deux hâvres susceptibles de recevoir
de gros bâtimens ; l'un sur la côte
septentrionale, l'autre sur la côte
nord-ouest. Le premier est, à tous
égards, le meilleur ; on y trouve de
l'abri et beaucoup de fonds, mais
l'un et l'autre ont l'inconvénient
d'être exposés aux vents du nord et
de l'ouest, quoiqu'ils ne soufflent
que par intervalles, et soient de peu
de durée.

Un de nos matelots avoit fait partie de l'équipage d'un vaisseau hollandais

landais de la compagnie des Indes.
Il y relâcha, en 1770, à son retour
d'Europe. Il assure que ses compagnons et lui se trouvèrent fort incommodés de la disette d'eau et de
rafraîchissemens. Ils s'y procurèrent
toutefois des buffles et quelques
pièces de volaille. Ils firent de l'eau
dans un petite mare si peu profonde,
qu'à peine y pouvoit-on plonger un
seau. Le résultat moyen de mes
observations donna, pour la longitude de cette île, 32 degrés 44'30''
à l'ouest. M. Walles, qui fit des
calculs en plus grand nombre, trouva
32 degrés 23'. La longitude de cette
île une fois connue, il est facile d'en
déduire celle de la côte orientale du
Brésil, qui, d'après les cartes mo-

dernes, en est éloignée de soixante ou soixante-dix lieues.

Americ Vespuce rencontra l'île Fernando, lors de son quatrième voyage au Nouveau-Monde, en 1502. On ignore cependant l'origine du nom qu'elle porte. En 1733, la compagnie française des Indes y fonda un petit établissement ; mais les Portugais firent des protestations, et en obtinrent, en 1739, la possession. D'après les cartes françaises, l'intérieur de cette île consiste en plaines étendues ; les bords de la mer s'élèvent en collines. Elle nous a paru bien boisée par-tout. Quelques-unes de ses montagnes semblent être l'ouvrage des feux souterrains.

Le 21 juin, je fis adapter l'alambic à une chaudière, qui tenoit environ

64 gallons (256 pintes). Le feu fut allumé à quatre heures du matin ; à six, les vapeurs commencèrent à s'élever. La distillation fut continuée jusqu'à six heures du soir, et nous procura 32 gallons (128 pintes d'eau douce), et nous consumâmes un boisseau et demi de charbon, c'est-à-dire moitié plus qu'il n'en eût fallu pour cuire le dîner de tout l'équipage.

Le thermomètre se trouvant, à midi, à 84 degrés – d'après l'échelle de Farenheit (33 degrés d'après Réaumur), la condensation des vapeurs n'étoit pas aussi facile. Au reste, il ne faut pas se fier à cet appareil, tout ingénieux qu'il est.

A force de brûler du charbon, on peut, il est vrai, se procurer assez d'eau pour alimenter l'équipage; mais une si foible quantité ne suffit pas pour conserver leur santé.

Dans les premiers jours de juillet, nous éprouvâmes fréquemment des calmes. Les marins, habitués à faire la traversée d'Europe en Amérique, appellent *latitude des chevaux* ces parages où règnent ces calmes, parce qu'ils sont on ne peut plus funestes aux chevaux et aux autres quadrupèdes qu'on transporte dans le Nouveau-Monde.

~~~~~~~~~~~~~~~~~~~~~~~~~~

CHAPITRE XXIX.

Relâche de la Résolution à l'île de
Fayal, l'une des Açores. — Description de ces îles. — Retour en Angleterre.

Le 13 juillet, nous eûmes en vue
l'île de Fayal, l'une des îles Açores.
Bientôt après, nous apperçûmes celle
du Pic. Le lendemain, dès l'aube
du jour, je me dirigeai sur la baie
de Fayal ou de Horta.

Nous rencontrâmes dans cette
baie une grosse frégate française,
nommée la *Pourvoyeuse*, un sloop
américain, et un brigantin de l'île.

o 3

Ce dernier bâtiment venoit tout récemment de la rivière des Amazones, où il avoit pris un chargement pour les îles du cap Verd. N'ayant pu retrouver ces îles, il avoit pris le parti de s'arrêter aux Açores.

L'objet unique de ma relâche en cet endroit, étoit de donner à M. Walles le temps de déterminer la marche de sa montre marine, et d'être en état de fixer avec quelque certitude la situation de ces îles. En conséquence, dès que les ancres furent jetées, je chargeai un de mes officiers d'aller rendre visite au consul anglais, d'instruire le gouverneur de mon arrivée, et de le prier de permettre à M. Walles de faire à terre ses observations astronomiques. M. Dent, qui suppléoit M. Gathorne dans les fonctions de consul, ne nous procura pas seulement cette permission ; il nous donna encore dans son vaste jardin un emplacement où il nous fût possible de disposer convenablement nos instrumens.

Le même officier avoit de plus ordre de négocier, avec le commandant du fort, la grande affaire du salut. Sur la réponse de celui-ci, qu'il rendroit deux coups de moins qu'il n'en recevroit, je crus devoir me dispenser du compliment.

Après être débarqués, nous reconnûmes pourquoi le gouverneur portugais étoit si avare de coups de canon : son artillerie étoit montée sur des affûts à demi-pourris, qu'il n'étoit pas prudent d'exposer à la secousse d'une décharge. La plupart des canons embarrassoient le rempart, et il n'étoit pas facile de les tirer. D'ailleurs on ajouta que M. de Pombal, le ministre économe qui étoit alors à la tête du Portugal, jugeoit superflue la dépense de la poudre que l'on perd en ces occasions.

La ville de Fayal est pavée de grandes dalles de pierres : elles sont fort propres, parce qu'on y marche peu. Les maisons y sont exactement construites d'après le modèle de celles de Madère ; elles ont des balcons saillans, un toit triangulaire, et les fenêtres sont garnies de jalousies.

Les collines qu'on remarque der-

rière la ville nous semblèrent couvertes de superbes maisons, de jardins, de bosquets, et d'une foule
de bâtimens qui donnoient à la fois
l'idée et d'une grande population
et de la richesse des habitans.

Nous trouvâmes chez M. Dent
un prêtre portugais qui parloit on
ne peut mieux latin. Ses discours
étoient pleins d'esprit et de sens : il
paroissoit exempt des préjugés que
l'on reproche communément à ses
compatriotes. Il nous communiqua
un journal de politique et de litté-
rature, écrit en langue espagnole,
et qui est répandu dans toutes les
parties du Portugal; c'est le seul
qui puisse y circuler, car M. de
Pombal a expressément défendu que
l'on imprimât, en Portugal, au-

cune espèce de gazette ou de pa-
piers publics.

Nous allâmes, le jour suivant,
rendre visite aux officiers de la frégate française. Ils demeuroient chez
une veuve Anglaise, nommée ma-
dame Milton. Lorsque cette pauvre femme fut informée que nous
venions de faire le tour du monde,
elle versa des larmes en abondance.
Notre présence lui rappeloit la
mort terrible d'un de ses fils qui
étoit sur le bâtiment du capitaine
Furneaux, et qui avoit fait partie
des dix infortunés massacrés et
mangés par les Zélandais. Les témoignages d'affection qu'elle donnoit à sa mémoire étoient si tou-
chans, qu'elle nous attendrit jusqu'aux larmes.

Cette visite étant terminée, nous fîmes une excursion sur les hauteurs. Les champs nous semblèrent bien cultivés et dans le meilleur état. Le blé que sèment les insulaires est de l'espèce du froment barbu. Auprès des habitations l'on voyoit des champs de concombres, de gourdes, de melons ordinaires et de melons d'eau. Les vergers produisent des citrons, des oranges, des prunes, des abricots, des figues, des poires et des pommes. Les choux y sont peu cultivés. Les carottes dégénèrent et deviennent blanches : aussi les habitans sont-ils dans la nécessité de faire venir tous les ans de nouvelles graines d'Europe. Le gouvernement encourage et même prescrit la culture des patates; elles se vendent à très-bon compte, parce que personne de ce pays ne les aime. Les oignons et l'ail, plantes dont les Portugais font un grand usage, se trouvent en abondance sur cette île, ainsi que les fraises et le *solanum lycopersicon*, dont les fruits de la grosseur des cerises sont appelés *tomates*.

Les chevaux de ce pays sont petits, et paroissent mauvais. Les ânes et les mulets sont en plus grand nombre, et peut-être plus utiles sur un sol montueux et inégal. Les chemins y sont meilleurs qu'à Madère; en général, on y remarque plus d'industrie. Toutefois les charriots font entendre sans cesse un bruit fatigant; cela vient de leur grossière construction. Les roues sont

sont faites de trois grosses pièces
de bois garnies en fer, et attachées
à un essieu encore plus mal façonné,
qui tourne avec elles.

Ces colons sont plus blancs que
ceux de Madère : leurs traits ont
aussi quelque chose de plus doux.
Les hommes, ainsi que les femmes,
s'habillent d'une manière plus élé-
gante. Les dames, pour aller à la
ville, se couvrent la tête d'un long
voile qui se rattache à la ceinture.
Elles ne laissent à ce voile qu'une
petite ouverture pour les yeux.

Tout respiroit le travail et l'activité. Les insulaires étoient occupés à leurs champs, ou dans leurs
maisons ; autre différence frappante
entre cette île et celle de Madère.

Nous atteignîmes le sommet des

collines, en traversant des bosquets
touffus de myrtes, de trembles,
de bouleaux, et de hêtres. Ces derniers arbres y sont si communs,
qu'on assure qu'ils ont donné le nom
à l'île. Hêtre se dit en latin *fagus*,
et en Portugais *faya*, d'où l'on a
fait Fayal.

· On jouit, du haut de ces collines,
d'une perspective admirable. On
plonge sur la ville et la rade, on
apperçoit l'île du Pic, à deux ou
trois lieues de distance. De tous
côtés, les mélodieux concerts des
serins de Canarie et d'autres oiseaux charmoient les oreilles. Il se
trouvoit parmi ces volatiles une
multitude de cailles ordinaires, de
bécasses américaines, et une petite
espèce de faucons, que les Portu-

gais nomment *Açores*. C'est de là, dit-on encore, qu'est venu le nom de ce groupe d'îles.

Dans l'après-dînée, MM. Forster, Walles, Palton, Hodges, et Gilbert, firent une promenade nouvelle. Ils passèrent devant le couvent des capucins de Saint-Antoine, prirent pour guides deux petits garçons, et traversèrent des bosquets pittoresques : ils suivirent le lit d'un ruisseau qui se trouvoit alors à sec, mais qui déborde en hiver. Les habitans, comptant sur de prochaines pluies, avoient mis dans le lit des torrens de grands monceaux de lin, afin de les *rouir*. Les tiges de ce lin sont fort longues; il paroît d'une bonne qualité : on en fabrique de toiles grossières.

Les insulaires ne s'étoient point trompés dans leur conjecture. La pluie survint en effet, aussitôt après que nos messieurs furent rentrés dans la ville. Cette ondée étoit fort salutaire. On l'attendoit avec impatience, pour grossir les raisins qui, sans cela, n'auroient pas été plus beaux que des groseilles.

Voici quelques détails sur la découverte et sur le régime intérieur des Açores.

Elles furent apperçues, pour la première fois, en 1439, par Josua Vanderberg, marchand de Bruges, en Flandres, lequel, dans un voyage à Lisbonne, fut jeté par une tempête sur ces îles, et les trouva inhabitées. Sur le rapport avantageux qu'il en fit à son retour, plusieurs familles des Pays-Bas vinrent s'établir dans l'île de Fayal, dont une des paroisses a conservé le nom de *Flamingos*. C'est pour cela que les géographes de l'avant-dernier siècle leur donnoient le nom d'îles Flamandes.

En 1447, les Portugais firent la découverte de l'île Sainte-Marie, la plus orientale de ce groupe ; ils reconnurent ensuite Saint-Michel et Terrcère. Cabral, commandant du vaisseau l'*Armuros*, s'établit, en 1449, à Tercère, et jeta les fondemens de la ville d'*Angra*. On découvrit par la suite, et en plusieurs voyages, les îles de Saint-Georges, de Graciosa, du Pic et de Fayal, et l'on y envoya des colons. Enfin, on trouva les deux plus occidentales

de ce groupe : on les appela *Flores*
et *Corro* ; l'une, à cause du grand
nombre de fleurs qui en émaillent
les riantes prairies; l'autre, à cause
de la prodigieuse quantité de cor-
neilles qu'on y remarqua.

Le gouverneur actuel des Açores,
Don Almado, s'est acquis l'estime
universelle, par l'aménité de son
caractère, et par le bien qu'il a fait
dans ces îles. L'exercice de sa place
ne dure ordinairement que trois
ans, on l'a prorogée de trois autres années. A notre arrivée, il
étoit à la veille de cesser ses fonctions. On attendoit de Lisbonne,
d'un moment à l'autre, son suc-
cesseur, ainsi que l'évêque d'Angra.
Ce prélat a pour diocèse toute l'é-
tendue des Açores ; douze chanoi-

nes composent sa cathédrale. Son
revenu consiste en 30 muids de blé,
mesure du pays. Le muid vaut au
plus bas prix 4 livres sterling
(environ 90 francs). Ainsi il
possède au moins 1200 livres sterling (plus de cent mille francs) par
année.

Chaque île est commandée par
un délégué du gouverneur, nommé
Capitan-mor. Cet officier a l'ins-
pection de la police, de la milice,
et surveille la perception des im-
pôts. Il y a dans chacune un juge
qui connoît des procès en premier
ressort. On appelle de ses décisions
à un tribunal qui existe à Tercère,
et de celui-ci à la cour suprême de
Lisbonne. Les naturels des Açores
passent pour de grands chicaneurs :

on dit qu'ils ont continuellement des procès.

L'île de Corvo est la plus petite des Açores. Elle contient à peine six cents habitans, dont l'industrie consiste à cultiver du blé et à nourrir des cochons. Ils exportent une médiocre quantité de lard.

Celle de Flores est un peu plus grande, plus fertile, et mieux peuplée. Outre le lard, elle exporte environ six cents *muids* de blé. Comme on ne fait point de vin dans l'une ni dans l'autre de ces îles, les habitans sont obligés d'en faire venir de Fayal, pour leur propre consommation.

Il y a quelques années qu'un vaisseau de guerre richement chargé se perdit sur la côte de Flores. Sa

cargaison et son équipage furent
sauvés. Les Espagnols introduisirent
dans cette île un fléau terrible qu'on
n'y connoissoit point encore, les
maladies vénériennes. Les grandes
richesses des passagers offrant à la
plupart des femmes une tentation
irrésistible, tous les habitans ne tar-
dèrent pas à être infestés de ce vice.
Pour expier en quelque façon leur
crime, les Espagnols ont dépensé
des sommes énormes pour bâtir une
église : elle passe pour le plus bel
édifice qui existe dans les Açores.
La maladie vénérienne y a fait tant
de progrès, que, de même qu'au Pérou et en Sybérie, il n'y a peut-
être pas un individu qui en soit
exempt.

Fayal est une des plus grandes

îles de ce groupe. Elle a neuf lieues de longueur de l'est à l'ouest, et à peu près quatre lieues de large.

On s'y occupe aussi peu des sciences que dans le reste des Açores et dans le Portugal lui-même. M. de Fleurieu et M. Pingré, savans Français, qui faisoient des campagnes pour essayer des montres marines, ne purent obtenir l'autorisation de débarquer leurs instrumens à Tercère : on craignit que leurs opérations ne fussent magiques, et qu'elles n'attirassent quelque malheur sur l'île.

On mit, il y a deux ans environ, un impôt de deux reys (quatre sous) sur chaque *canary* (un peu plus de quatre pintes) de vin, qui seroit fabriqué à Fayal et dans l'île du

Pic. Ce revenu, qui produit environ 1000 livres sterling par an (22 à 24000 francs), avoit pour objet l'entretien de trois professeurs qu'on devoit y envoyer de Lisbonne, après un rigoureux examen.

A peine l'impôt fut-il levé, qu'on en fit un usage bien différent. On l'employa à payer la garnison qui est censée se monter à plus de cent hommes, mais ne fait pas plus de quarante hommes effectifs : ils sont sans discipline et sans armes.

Une suite fâcheuse de cet abus, c'est que le pays est dépourvu d'écoles publiques pour l'éducation de la jeunesse. Ceux-là seulement reçoivent quelque instruction, qui ont le moyen de payer des maîtres.

L'impôt sur le vin n'est pas le

seul qui soit mal dirigé : il y a une
autre taxe de deux pour 100 sur
toutes les exportations. Le produit
qui en résulte est destiné à entre-
tenir les fortifications : on les laisse
néanmoins tomber en ruines, faute
de réparations suffisantes. On fait
passer tout l'argent à Tercère, où
l'on n'en fait pas un meilleur usage.

La dîme de toutes les productions des Açores appartient à la
couronne. Le tabac seul, dont elle
fait le commerce exclusif, rapporte
des sommes considérables. Quelque
peu d'étendue qu'aient ces îles, leur
possession ne sauroit être indiffé-
rente au Portugal.

L'île du Pic, ou de *Pico*, tire
son nom de la cime d'une haute
montagne, presque toujours envi-
ronnée

ronnée de nuages, lesquels, par leur direction et leur étendue, tiennent lieu de baromètre aux insulaires. Cette île est la plus grande et la mieux peuplée des Açores. Elle renferme 30,000 habitans; au lieu de blé, on y cultive des vignes qui offrent sur la croupe des montagnes un spectacle ravissant. On tire de Fayal le blé et les autres articles de consommation. La plupart des familles riches de cette dernière île possèdent, sur la côte occidentale de celle du Pic, des domaines considérables.

La saison des vendanges est, dans ce pays, la saison de la gaieté et de l'alégresse générale. Un quart et presque un tiers des habitans de Fayal se rendent à Pico avec tout

leur ménage. Il se mange alors une
quantité prodigieuse de raisins qui,
si l'on en faisoit du vin, produiroit
3000 pipes. On en fabriquoit annuellement 30,000 pipes à chaque
vendange, et dans les bonnes années on en recueilloit 37,000. Mais,
depuis quelques années, une sorte
de maladie a attaqué la vigne. Les
feuilles tomboient précisément à
l'époque où la grappe en avoit le
plus besoin pour être à couvert des
rayons du soleil. Cet accident a
épuisé la force de la vigne; mais
depuis les ceps ont peu à peu re-
pris leur vigueur première. Ils rap-
portent aujourd'hui 18 à 20,000 pipes de vin.

Le meilleur se fait, sur la côte occidentale, dans les vignobles qui ap-

partiennent aux colons de Fayal.
Celui de la côte opposée sert à faire
de l'eau-de-vie. Trois ou quatre pipes de vin en font une de liqueur
distillée. Le vin le plus estimé est
celui qui est verd; il est agréable,
et s'améliore quand on le conserve.
Chaque pipe se vend, sur les lieux,
4 à 5 livres sterling (cent francs
environ). On en fait une petite
quantité de vin doux, que les Portugais appellent *passada*. Celui-ci
coûte le double.

Saint-George est une petite île
étroite, fort escarpée, et d'une
grande élévation. Les 5000 habitans, qui en peuplent le territoire,
cultivent beaucoup de blé et très-
peu de vignes.

Graciosa est d'une pente plus

doucé que Saint-George : elle est fort petite. Sa production principale est du blé : on y fabrique aussi du vin ; mais il est de si mauvaise qualité, que cinq ou six pipes en rendent à peine une d'eau-de-vie. Graciosa et Saint-George ont des pâturages : aussi elles exportent du fromage et du beurre.

Tercère est, après Pico, la plus considérable de toutes les Açores. On y recueille beaucoup de blé, et un peu de vin assez foible. Cette île étant la résidence du gouverneur général et de la cour supérieure de justice, elle jouit de quelque primauté sur les autres. On y compte vingt mille habitans. Elle exporte du blé à Lisbonne.

Saint - Michel est une île fort

grande, fertile, et bien peuplée ; elle contient vingt-cinq mille habitans. Ils s'occupent peu de la culture du vin, mais de celle du lin et du blé. Ils chargent annuellement, pour le Brésil trois vaisseaux des toiles qu'ils fabriquent avec leur lin. La toile a environ deux pieds de large ; chaque *vare* ou aune du pays se vend un scheling et six pences (trente à trente-six sous). Le chef-lieu, ou capitale de cette île, s'appelle *Ponto-de-Gada*.

Santa-Maria est l'île située la plus au sud-est ; elle produit beaucoup de blé. On y compte cinq mille habitans ; ils travaillent une espèce de poterie de terre, et en fournissent les autres îles. On y a dernièrement construit deux petits vaisseaux, avec des matériaux tirés du pays.

Le 17 juillet, qui étoit un dimanche, nous allâmes visiter différens monastères. Les autels des églises sont, pour la plupart, de bois de cèdre, et il en résulte un parfum fort agréable. Nous fûmes témoins, le soir, d'une grande procession. Lorsque le saint-sacrement passe, les étrangers protestans ne sont point obligés de se prosterner. Cet esprit de tolérance n'est point ordinaire dans les possessions espagnoles ou portugaises; mais la politique le rendoit nécessaire ici, à cause des relations fréquentes qu'ont les habitans des Açores avec ceux de l'Amérique septentrionale.

Nous fîmes, le jour suivant, de

nouvelles excursions sur les collines au nord de la ville ; au sommet de l'une d'elles, est une cavité circulaire et profonde, qui peut avoir deux lieues de tour : la pente de ses flancs est par-tout uniforme ; il y croît des herbes en abondance ; on y voit paître des moutons, qui sont presque sauvages, quoiqu'ils appartiennent à des particuliers.

Au fond est un lac d'eau douce, couvert d'une multitude de canards ; il a, dit-on, presque par-tout, quatre ou cinq pieds de profondeur. La figure de cette excavation lui a fait donner le nom de *Caldeira*, ou de chaudière ; elle paroît être le cratère d'un ancien volcan. Cette hypothèse est d'autant plus probable qu'on sait qu'il y a eu d'autres vol

cans aux Açores. La montagne remarquable, qui s'éleva, en 1638, à
la proximité des îles Saint-Michel,
de la surface de la mer, et forma
tout-à-coup une nouvelle île, fut,
sans contredit, l'ouvrage d'un volcan considérable. Il est vrai que,
peu de temps après son apparition,
elle s'évanouit, et rentra dans le
sein de l'Océan; mais cela prouve
toujours que les pics élevés ne renferment pas seuls des feux souterrains.

Une autre île, qui se fit voir subitement entre Tercère et Saint-Michel, en novembre 1720, étoit absolument d'une composition volcanique. La cime élevée du Pic vomit per-
pétuellement de la fumée, suivant ce
que nous a assuré un capitaine por-

tugais, qui a gravi jusqu'au sommet.
Quand le temps est clair et serein,
le matin, on apperçoit cette fumée,
de Fayal même. Les tremblemens
de terre sont fréquens dans les
Açores. Trois semaines avant notre
arrivée, on en avoit éprouvé, à
Fayal, plusieurs secousses. Il est
donc évident que presque toutes
les îles de l'océan atlantique, ainsi
que de la mer du sud, renferment
des vestiges d'anciens volcans, ou
contiennent encore aujourd'hui des
montagnes brûlantes.

En retournant à la ville, nous
ressentîmes une chaleur suffoquante.
Il faut convenir néanmoins que le
climat des Açores est sain et tem-
péré; jamais, pendant l'hiver, on n'y
éprouve de grands froids. Dans cer-

taines saisons, les vents sont impétueux, les pluies fréquentes, mais jamais il ne gèle; il ne tombe de neige que sur les régions les plus élevées du Pic.

Le printemps, l'automne, et presque tout l'été, y sont délicieux. Une brise rafraîchissante renouvelle constamment l'air, et tempère les ardeurs du soleil.

Dans les années abondantes, on expédie, de Fayal à Lisbonne, des navires chargés de froment et de maïs. On compte, dans cette île, quinze mille ames, réparties sur douze paroisses : le tiers des habitans habite le chef-lieu, Villa de la Horta. Cette ville est située sur la côte de la mer, au fond de la baie; elle est défendue par deux châteaux et un rempart de pierre; mais, faute de réparations, on laisse tomber ces ouvrages en ruine : ils servent plutôt à l'ornement qu'à la défense de la ville.

A l'exception du collège des jésuites, des monastères, et des églises, il ne s'y trouve point d'édifices remarquables, soit au dedans, soit au dehors. Les églises sont garnies de vitraux ; tous les autres bâtimens, hormis une maison de campagne qui appartenoit dernièrement au consul anglais, sont dépourvues de vitres : on les ferme avec des jalousies, et elles offrent l'aspect d'une prison.

Cette petite ville, ainsi que toutes celles soumises aux Portugais, est remplie d'édifices religieux : on n'y compte pas moins de trois couvens d'hommes , deux de femmes , et huit églises , y compris celles de ces monastères , et le collège des jésuites.

Ce dernier monument étoit superbe ; mais , depuis l'expulsion des jésuites , on le laisse tomber en dégradation : dans quelques années, il ne sera vraisemblablement qu'un amas de ruines.

Nous trouvâmes , dans un des couvens , vingt pères cordeliers et plusieurs frères lais. Ils se vantèrent d'enseigner , aux jeunes gens de l'île, la rhétorique , la philosophie , et la théologie ; mais , manquant de toutes les connoissances nécessaires à cet objet , ils vivent en paix , sans se livrer à des études fatigantes.

Nous

Nous visitâmes, après cela, les deux couvens de religieuses ; l'un, consacré à saint Jean, contient cinquante religieuses et un pareil nombre de sœurs converses ; dans l'autre, fondé sous les auspices de *Nossa Senhora de Conceiçao*, elles sont au nombre de quatre-vingts ou quatre-vingt-dix, et ont autant de servantes ou sœurs converses. Elles nous reçurent fort poliment à la grille ; mais il nous fut impossible de converser avec elles, faute de comprendre leur langue.

Leur prononciation étoit douce, mais chantante. Ce défaut nous parut d'abord venir de l'affectation ; nous l'observâmes ensuite parmi les insulaires de toutes les classes.

Pendant notre séjour, on servit, à notre équipage, du bœuf frais. Nous remplîmes quinze futailles d'eau douce : on les transporta à bord de la Résolution, sur des *allèges* ou bateaux du pays ; et je payai, pour ce service, trois schellings (trois livres seize sous), par tonneau. On permet, à la vérité, aux vaisseaux de faire de l'eau avec leurs propres chaloupes ; mais tant d'inconvéniens accompagnent cette opération, que l'on préfère se servir des gens du pays.

On peut y acheter, à bon marché, toutes sortes de provisions fraîches, telles que des légumes, des fruits, des cochons, de la volaille, des bœufs, des moutons, etc. Le vin est le seul article de leurs provisions

que l'on puisse long-temps conserver en pleine mer.

Fayal, renommée pour ses vins,
n'en produit cependant pas assez
pour sa consommation : on en fait
davantage à Pico ; on d'amène à la
baie de Horta, où la rade est plus
sûre ; et, comme on l'exporte de là
pour l'extérieur, sur-tout pour l'A-
mérique, ou lui a donné le nom de
vin de Fayal.

Nous quittâmes cette baie le 19
juillet, à quatre heures du matin,
et mîmes le cap sur l'extrémité occidentale de l'île Saint - George.
Après l'avoir dépassé, je gouvernai
E. ¼ S. sur l'île de Tercère. Je pro-
jetois d'en longer la côte orientale,
et de déterminer son étendue dans
cette direction ; mais l'approche de

Q 2

la nuit me fit renoncer à ce dessein, et je fis force de voiles pour rega-gner l'Angleterre.

Le 29 du même mois, nous ap-perçûmes la terre aux environs de Plymouth. Le lendemain, dès le matin, nous jetâmes l'ancre à Spit-head; le même jour, je débarquai à Portsmouth, et me rendis direc-tement à Londres, accompagné de MM. Walles, Forster père et fils, et Hodges.

Trois ans et dix-huit jours s'étoient écoulés depuis notre départ d'An-gleterre. Dans une navigation aussi longue, où nous avions passé sous tous les climats possibles, je ne per-dis que quatre hommes, dont un seul mourut de maladie. D'après les régistres de mortalité que l'on dresse en Europe, on compte qu'il meurt, par année, environ trois hommes sur cent : d'après cette base, nous aurions dû perdre, au moins, dix hommes; ainsi notre équipage avoit été moins exposé que s'il fût constamment demeuré à terre. Je vais succinctement exposer les différentes causes auxquelles j'attribue la bonne santé dont nos matelots ont joui. L'amirauté m'avoit spécialement chargé, par mes instructions, de faire, sur cet objet intéressant, toutes les expériences possibles.

La drèche est, sans contredit, un des plus puissans anti-scorbutiques dont on ait, jusqu'à présent, fait usage. Si on l'emploie à temps, et qu'on observe d'ailleurs le régime convenable, j'ai tout lieu d'être

Q .3

convaincu qu'elle arrête les progrès
du scorbut; mais je n'oserois affirmer qu'elle le guérisse radicale-
ment.

Je faisois, trois fois par semaine,
cuire, avec des pois chiches, des ta-
blettes de bouillon portatives. Chaque homme en recevoit une once,
ou même plus, selon les circonstan-
ces. Toutes les fois que nous relâ-
chions sur des îles pourvues de végétaux, on en servoit le matin à
déjeûner avec des légumes, du froment, et du gruau. On dînoit avec
des pois et des légumes. Une semblable nourriture étoit saine et res-
taurante. Les matelots mangeoient
ainsi plus de végétaux qu'ils ne
l'eussent fait à terre.

Nous nous étions approvisionnés

de sucre en place d'huile : nous employions du blé en guise de gruau. Je crois que cet arrangement fut très-favorable. Le sucre paroît un excellent préservatif contre le scorbut, tandis que l'huile (celle du moins que fournit l'administration de la marine) produit un effet diamétralement contraire.

Au surplus, la salubrité des alimens seroit inutile, si l'on n'établissoit une police sage sur le vaisseau. Voici le réglement que j'ai suivi, tant d'après les bases que me fournissoit l'expérience, que d'après quelques idées que m'avoient suggérées sir Hugh Palliser, les capitaines Campbell, Wallis, et d'autres officiers de mérite.

Les matelots avoient plus de temps

de repos qu'ils n'en ont ordinairement : de cette manière ils n'étoient
pas si long-temps exposés aux inclé-
mences de l'air. On leur donnoit des
habits secs de rechange, dès qu'ils
étoient mouillés. J'avois soin d'ailleurs de les exposer à la pluie le
moins qu'il étoit possible.

J'employois toutes sortes de soins
pour que leurs corps, leurs hamacs,
leurs lits, leurs hardes, leur linge,
fussent toujours propres et secs. Je
ne mettois pas moins de précaution
à faire nettoyer le vaisseau, à faire
sécher les entre-ponts. Une ou deux
fois par semaine, on en purifioit l'air,
soit en allumant des feux, soit en
brûlant de la poudre à canon, im-
bibée d'eau et de vinaigre. On des-
cendoit, d'ailleurs, au fond de la sen-

-tine, du feu dans un pot de fer. On purifioit ainsi les parties basses du bâtiment. On ne sauroit trop s'attacher à purger la sentine ; il s'en exhale une odeur infecte et désagréable, que le feu seul peut chasser.

On nettoyoit et écuroit fréquemment les chaudières du bâtiment. Jamais je n'ai souffert que les matelots mangeassent la graisse du bœuf et du porc salé ; je crois qu'elle favorise le scorbut.

Je me suis procuré de l'eau partout où j'en ai pu trouver, lors même que je n'en avois nul besoin. L'eau douce qu'on vient de prendre dans une aiguade est beaucoup plus salubre que celle que l'on conserve depuis quelque temps dans les futailles.

Jamais nous n'avons éprouvé de disette sur cet article.

L'objet de notre expédition nous a conduits dans de très-hautes latitudes; mais les dangers, les fatigues inséparables d'une telle navigation, étoient presque compensés par l'eau douce que nous fournissoit amplement un océan parsemé de glaces.

Sur presque toutes les terres où nous nous sommes arrêtés, l'industrie humaine, ou la bonté de la nature, avoient propagé quelque chose d'utile, soit du règne animal, soit du règne végétal. J'ai toujours fait mon possible pour obtenir des rafraîchissemens en grand nombre.

Il ne m'appartient pas de dire jusqu'à quel point j'ai atteint le but de cette expédition. Si ma relation

n'intéresse point par un grand nombre d'évènemens curieux et remarquables, j'ose croire qu'elle sera
utile aux sciences, par les lumières
que notre voyage a répandues sur
l'hémisphère austral. Si nous eussions
découvert un nouveau continent,
peuplé d'une race d'hommes jusqu'alors inconnue, que notre séjour
parmi eux eût été signalé par quelques épisodes remarquables, il m'eût
été plus facile de satisfaire l'avidité
du lecteur. Mais, puisqu'après des
recherches multipliées, il ne nous
a pas été possible de rencontrer les
fameuses *terres australes*, à l'avenir
sans doute, les faiseurs de systêmes
s'occuperont moins d'imaginer des
mondes chimériques.

Quel que soit le jugement du pu-

blic sur nos travaux et sur leur résultat, je finis mon récit, en obser-
vant, avec une véritable satisfaction
intérieure, que si les physiciens ne
se disputent plus sur l'existence d'un
continent sous le cercle polaire an-
tarctique, notre voyage fera du
moins époque, et offrira à tout
homme sensible cette idée conso-
lante, que je suis parvenu à conserver la vie et la santé d'un équipage
nombreux, malgré la longueur du
temps qui s'est écoulé, au milieu
de la diversité des climats, assujétis
d'ailleurs à une foule de privations,
de peines et de fatigue.

Le lecteur décidera encore jusqu'à quel point cette expédition a
reculé les bornes de la navigation,
de l'histoire naturelle, de la physi-
que,

que, et en général des connoissances humaines. Nous avons fait, il est vrai, des découvertes dans tous les genres : mais qu'elles sont peu de choses comparées à celles qu'opérera peut-être, dans les siècles à venir, l'esprit humain toujours avide d'étendre la sphère de son activité! Combien sont frappans de vérité ces vers de Pétrarque :

— *Vedi insieme l'uno e l'altro polo*
Le stelle vaghe e lor viaggio torto;
E vedi, 'l veder nostro quanto è corto.

« J'ai vu, d'un pole à l'autre, le
» siège de tous les astres; j'ai suivi leur
» course errante; et j'ai vu..... combien
» notre vue est co

FIN DU TOME SECOND DU VOYAGE.

2e *Voyage.* T. IV. R

TABLE

DES CHAPITRES

contenus dans le tome quatrième
du second Voyage.

Second Voyage du capitaine COOK.

FIN DE LA TABLE.

www.ingramcontent.com/pod-product-compliance
Lightning Source LLC
Chambersburg PA
CBHW071934090426
42740CB00011B/1698